Glück, das bleibt

Von Frank Feldhusen

Buchbeschreibung:

Glück – jeder will es, doch kaum jemand hat es. Wir alle suchen das Glück, doch nur die Wenigsten von uns finden es? Woran liegt dies? Wissen wir möglicherweise nicht, was wir genau suchen? Das Zufallsglück lässt sich von uns nicht beeinflussen. Es kommt plötzlich und unerwartet und ist genauso schnell wieder verflogen, wenn sich die Lebensumstände ändern. Im Gegensatz dazu bleibt das Lebensglück stets unverändert. Um die zweite Art von Glück soll es in diesem Buch gehen: ein Glück, das bleibt, unabhängig davon, was einem im Leben widerfährt, selbst dann, wenn man diese Welt einmal verlassen muss. Wie erlangt und behält man es? Was hat unser Schöpfer darüber zu sagen in seinem Wort, der Bibel?

Über den Autor:

Frank Feldhusen (geb. 1966) ist Diplom-Theologe und Pastor der Evangelisch-freikirchlichen Gemeinde in Walsrode in der Südheide. Im Jahre 1984 zog Gott ihn in seiner Gnade zu sich, und er durfte zum Glauben an Jesus Christus als seinen Retter und Herrn kommen. Er absolvierte das Studium der ev. Theologie an der Universität Hamburg. Pastor Feldhusen ist verheiratet und hat einen erwachsenen Sohn.

Glück, das bleibt

Wie man es erlangt und behält

von Frank Feldhusen

1. Auflage, 2024
© 2024 Alle Rechte vorbehalten.

Frank Feldhusen
Herstellung und Verlag:
BoD – Books on Demand, Norderstedt

ISBN: 9783758383595

Kapitel 1 Einleitung

Unser ganzes Leben dreht sich darum, wie wir glücklich werden und es bleiben. Das zeigt sich zum Beispiel in der inflationären Fülle der Ratgeberliteratur rund um die Frage: „Wie werde ich glücklich?". Im Beruf, in der Partnerschaft, mit meinem Körper? Menschen sind auf der Suche nach Glück, kaufen sich Bücher und Zeitschriften, lesen Studien und Umfragen, die ihnen erklären, wie es zu finden ist. Gegenwärtig gibt es kaum ein Thema der Sinnproduktion und Sinnvermarktung, das breitere Kreise zieht als das Glücksthema.

„Alle Menschen streben nach Glück. Es gibt dabei keine Ausnahme. Auch wenn sie dabei unterschiedliche Mittel anwenden, streben sie alle auf dieses eine Ziel hin. Der Wunsch von manchen Menschen, in den Krieg zu ziehen, und der Wunsch anderer, den Krieg zu vermeiden, ist geprägt von dem gleichen Verlangen, auch wenn er von unterschiedlichen Absichten begleitet wird. Der Wille macht auch den kleinsten Schritt nur auf dieses Ziel hin. Dies ist das Motiv einer jeden Handlung eines jeden Menschen, sogar derer, die sich selbst aufhängen." (Blaise Pascal)[1]

Der Volksmund sagt: „Jeder ist seines eigenen Glückes Schmied.". Glück ist demnach machbar. Damit wächst der Druck auf den Einzelnen, unbedingt glücklich werden zu müssen. Glücklichsein wird so zum Muss.

Wir alle suchen das Glück, doch nur die Wenigsten von uns finden es. Könnte es daran liegen, dass wir nicht wissen, was wir genau suchen?
Was ist Glück? Schwierig zu sagen oder? Was ist für dich Glück? Was braucht es, damit ein Mensch glücklich wird? Die Antwort auf diese Frage hängt davon ab, was wir unter Glück verstehen. Die Vorstellungen davon variieren von Mensch zu Mensch bis zu einem gewissen Grad. Dennoch gibt es Aspekte, die für alle Menschen gleichermaßen gelten. Kann man überhaupt etwas Konkretes darüber sagen, was Glück ist?

Glück – jeder will es, doch kaum jemand hat es.

In dem kleinen asiatischen Land Bhutan wurde das Glück zum wichtigsten Staatsziel ernannt. In den 70er Jahren sagte der König des Landes: „Das Bruttonationalglück ist wichtiger als das Bruttoinlandsprodukt."
Laut World Happiness Report aus dem Jahre 2021 leben die glücklichsten Menschen der Welt in Finnland, gefolgt von Island, Dänemark und der Schweiz. Deutschland befindet sich im Ranking auf Platz 7. Nach der YouGov-Studie von 2019 sagen zwei von drei Deutschen (66%) sie seien momentan glücklich, und 28% von ihnen sind davon überzeugt, dass sie in fünf Jahren noch glücklicher sein werden, als dies derzeit der Fall ist. Als man sie fragte, was ihr bisher glücklichstes Lebensereignis war, antworteten 25% die Geburt des eigenen Kindes, 13% das Kennenlernen ihres Partners bzw. ihrer Partnerin, 6% eine Reise und 5% ein besonderes Erlebnis in der Familie. Dennoch sind mehr als die Hälfte der Deutschen, nämlich 56%, der Meinung, sie hätten in ihrem bisherigen Leben nicht viel Glück gehabt.

In der heutigen Glücksforschung werden zwei Arten von Glück unterschieden: das **Lebensglück** und das **Zufallsglück**. Während das Letztere sich nicht beeinflussen lässt – es kommt vielmehr plötzlich und unerwartet – wird das Lebensglück beeinflusst durch verschiedene Faktoren. Zu diesen gehören beispielsweise das soziale Umfeld (Familie und Freude), der Beruf, Finanzen, Freizeit oder Freiheit. Das Lebensglück besteht in einer Art des Wohlfühlens, das einem ein glückliches Gefühl vermittelt, beispielsweise wenn man sich zu Hause fühlt, einen tollen Freundeskreis besitzt oder ein weitgehend sorgenfreies Leben mit seiner Familie führt. Psychologische Glückskonzepte beschreiben das Lebensglück als „harmonisches Zusammenspiel aller Gefühle einer gut organisierten Persönlichkeit". Das Lebensglück bleibt selbst dann unverändert, wenn sich die Lebensumstände wandeln.

Im Wesentlichen lassen sich **drei große Glückstheorien** unterscheiden:

1.   Die hedonistische Glücktheorie

Nach dieser ist derjenige Mensch glücklich, der möglichst viele – andauernde und besonders intensive – Genussmomente hat und dabei gleichzeitig möglichst wenig Schmerz und Leid.
Willst du glücklich werden – so lautet das Rezept – dann suche möglichst viele dieser Genussmomente und vermeide Schmerz und Leid, wo immer dies möglich ist.

Versuchen wir, das hedonistische Glücksprinzip in unserem Leben umzusetzen, dann stoßen wir schnell auf Probleme. Oftmals begehren wir Dinge, die nicht miteinander vereinbar sind, so zum Beispiel: jeden Tag

einen leckeren Nachtisch und zum Kaffee ein Stück Torte
zu essen und gleichzeitig total gesund und fit zu sein.
Oder: einen durchtrainierten Körper zu besitzen und
gleichzeitig als Couchpotato faul auf dem Sofa
herumzuhängen. Wir können nicht alles, was wir wollen,
gleichzeitig haben. Es läuft auf ein Entweder-oder hinaus.

Außerdem leben wir nicht allein in der Gegenwart,
sondern sind in der Lage, uns vorstellen, was in der
nahen und fernen Zukunft uns erwarten könnte. Konkret
bedeutet das: Wir fürchten das Übergewicht, den
Herzinfarkt und den Diabetes, wenn wir jeden Tag
Junkfood in uns hineinschaufeln und nichts für unsere
Fitness tun.
Ein weiteres Problem des Hedonismus besteht darin,
dass sich Genüsse „abnutzen". Wer ab sofort jeden Tag
sein Lieblingsessen isst, der wird es spätestens nach
einem Monat nicht mehr ausstehen können. Die
psychologische Glücksforschung hat beispielsweise
herausgefunden, dass Lottogewinner im Schnitt bereits
vier Wochen nach ihrem Gewinn genauso glücklich sind
wie vorher. Der Grund dafür liegt in dem entsprechenden
Gewöhnungseffekt. Selbst ein Geldsegen führt nicht zu
einer *dauerhaften* Verbesserung des eigenen
Glückslevels.
Wann immer es folglich um Genüsse geht, bekommen
wir den Hals nicht voll. Die Befriedigung durch einen
Genuss hält nur für eine kurze Zeit an, dann wollen wir
mehr. Aus einem Kaffee werden schnell fünf, aus einer
genüsslichen Zigarette wird schnell eine ganze Packung
und aus einem Stück Schokolade eine ganze Tafel. In der
Glücksforschung heißt dieses Phänomen
„Kompensationseffekt", manchmal auch „hedonische
Adaption".

Was auf alle irdischen Genussmomente und -objekte zutrifft, gilt nicht in gleicher Weise für das Genießen Gottes und der himmlischen Güter. Zum einen gibt es keinerlei unerwünschte, schädliche Nebenwirkungen. Zum anderen kommt es zu keinem Gewöhnungseffekt. Wer den wundervollen Gott und seine Gegenwart genossen hat, kann selbst nach Jahren von ihm nicht genug bekommen. Die Gemeinschaft mit ihm ist über die Maßen beglückend und das ohne Ende. Im alten Westminster-Katechismus wird folgende Frage gestellt: „Was ist das höchste Ziel des Menschen?". Die Antwort lautet: „Das höchste Ziel des Menschen ist, Gott zu verherrlichen und sich für immer an Ihm zu erfreuen."

2. Die Zieltheorie

Nach dieser Theorie ist ein Mensch dann glücklich, wenn er möglichst viele wichtige, für ihn wertvolle Ziele in seinem Leben erreicht und auf dem Weg dorthin Spaß hat.
Das Glücksrezept lautet: Willst du glücklich werden, dann stecke dir viele solcher Ziele und unternehme alles dafür, sie zu erreichen.
Die Zeitspanne, in der wir uns am Ziel befinden und uns über unseren Erfolg freuen, ist verglichen mit unserem gesamten Leben vergleichsweise gering. Zu 99% besteht unser Leben aus den Wegen auf diese Ziele zu.

„Es gibt keinen Weg zum Glück. Glücklich-Sein ist der Weg." (Buddha)

Menschen können durchaus unglücklich sein, selbst wenn sie irgendwann ihre Ziele erreichen. Das ist beispielsweise der Fall, wenn jemand viele Jahre darauf hingearbeitet hat, beispielsweise ein Geigenvirtuose zu werden, eine Goldmedaille zu erlangen oder sich sein Traumhaus zu bauen und während der gesamten Zeit dorthin ein karges, entbehrungsreiches und freudloses Dasein gefristet hat. Ihm stellt sich die Frage: War es das wert?

Sich Ziele im Leben zu setzen, ist wichtig. Ziele geben unserem Leben Orientierung und Richtung. Sie führen uns aber nicht automatisch zum Lebensglück. Unser Leben findet auf dem Weg zu dem betreffenden Ziel statt. Nur dann, wenn es uns gelingt, auf diesem Weg unser Leben zu genießen, werden wir ein gutes Leben haben. Für das Glück sind die Wege entscheidender, weil sie zu einem erfüllten Leben führen, selbst dann, wenn man das Ziel nicht erreichen sollte.

Ergänzt man das Glücksrezept der Zieltheorie um diesen wichtigen Aspekt, dann lautet es wie folgt: Willst du glücklich werden, dann stecke dir viele wichtige Ziele und tue alles, um sie zu erreichen. Auf dem Weg dorthin genieße das Leben und habe eine gute Zeit.

Gilt das, was für irdische Ziele durchaus sinnvoll und weise ist, auch für geistliche, überirdische Ziele?

3. Die Theorie der objektiven Güter

Nach dieser Theorie ist derjenige Mensch glücklich, der genügend objektive Güter besitzt, wie zum Beispiel Wohlstand, Gesundheit, Liebe und Freiheit.[2]

Willst du glücklich werden, so lautet das Rezept: Sammle in deinem Leben möglichst viele dieser objektiven Güter.

Das Problem dieser Glückstheorie besteht darin, dass es solche „objektiven" Güter im strengen Sinne gar nicht gibt. Es gibt Güter, die wichtiger sind als andere. So sind z.B. Freunde und Familie wichtiger als Geld. Aber das lässt sich nicht uneingeschränkt und allgemeingültig sagen, sondern hängt von individuellen und kulturellen Gegebenheiten ab.

Was verhindert, dass wir Menschen dauerhaft glücklich werden?

Das ist der **Kompensationseffekt**. Damit ist gemeint, dass alle guten Dinge mit der Zeit abnutzen.

Was können wir dagegen unternehmen? **Wie können wir diesen Effekt abschwächen** und damit dauerhaft in diesem Leben glücklicher werden und bleiben?
Durch Variation. Indem wir unsere tägliche Arbeit auf dem Weg zu unserem Ziel bewusst variieren, und zwar den Zeitpunkt, die Dauer, die Frequenz, den Ort oder die Art. Und, indem wir unsere Genüsse variieren hinsichtlich ihrer Häufigkeit und des Settings und lernen, bewusst und achtsam zu genießen.

Durch Dankbarkeit: Indem wir lernen, dankbarer zu werden für die Güter, die wir besitzen und die Genussmomente, die wir haben. Indem wir uns bewusst machen, dass dies alles nicht selbstverständlich ist. Hierbei kann beispielsweise das Führen eines Dankbarkeitstagebuchs helfen.

„Nicht die Glücklichen sind dankbar. Es sind die Dankbaren, die glücklich sind." (Sir Francis Bacon[3])

Literatur zu diesem Thema

- Lyubormirsky, Sonja, *Glücklich sein – Warum Sie es in der Hand haben, zufrieden zu leben*
- Wahler, Dr. Hendrik, *Glück – was ist das und wie krieg ich das?* (E-book Download auf: www.mindyourlife.de)

Kapitel 2 Der glückliche Gott

...nach dem Evangelium der Herrlichkeit des glückseligen Gottes, das mir anvertraut worden ist. (1. Timotheus 1,11 SCH2000)

Gott ist glücklich, so bezeugt es uns Gottes Wort. Das griechische Wort „makarios", welches die Schlachterbibel mit „glückselig" übersetzt, bedeutet „glücklich" oder „von Glück erfüllt".[4]

Ist dir das bewusst? Fällt es dir schwer, dir einen glücklichen Gott vorzustellen? Wir sind mehr daran gewöhnt, von einem liebenden und gnädigen Gott zu hören, von einem gerechten und heiligen oder einem mächtigen und erhabenen. Aber ein glücklicher Gott?

„Der lebendige Gott ist nicht nur einigermaßen glücklich, sondern furchtbar glücklich. Und wenn wir diese Furcht besitzen, treten wir in die Freude des Herrn ein. ‚Selig' oder ‚glücklich' – wie Gott – ‚ist der, der die Furcht nicht verlernt'" (Sprüche 28,14).[5]

Nach John Piper macht dieses Glücklichsein Gottes einen großen Teil seiner Herrlichkeit aus. „Für den Apostel Paulus war es unvorstellbar, dass Gott ohne diese grenzenlose Freude vollkommen herrlich sein könnte. Wenn Gott unendlich herrlich ist, dann muss er unendlich glücklich sein. Paulus spricht von der ‚Herrlichkeit des *glücklichen* Gottes', weil es eine herrliche Sache ist, dass Gott von unbegrenztem Glück erfüllt ist. Die Herrlichkeit Gottes besteht in großem Maße darin, dass er so viel glücklicher ist, als wir es uns in unseren kühnsten

Träumen auch nur ausmalen könnten. Wie der bekannte Prediger Jonathan Edwards im 18. Jahrhundert sagte: ‚Teil von der Fülle Gottes, die er uns kundtut, ist seine *Glückseligkeit'*. Diese Glückseligkeit besteht darin, dass Gott an sich selbst Gefallen und Freude hat. Und in gleicherweise besteht auch die Glückseligkeit seiner Geschöpfe darin, dass sie an ihm Gefallen und Freude haben."

Dass Gott glücklich ist, ist ein wesentlicher Bestandteil des Evangeliums. Wäre Gott nicht glücklich, dann wäre ebenso das Ziel des Evangeliums, die ewige Gemeinschaft mit Gott in seiner neuen Welt kein glückliches Ziel. „Dann wäre das Evangelium kein Evangelium." Jesus lädt die Menschen ein, „die Ewigkeit mit einem glücklichen Gott zu verbringen." Zu dem gewissenhaften und treuen Knecht spricht Gott: *„Du bist über wenigem treu gewesen, ich will dich über vieles setzen; geh ein zur Freude deines Herrn!"* (Matthäus 25,23 SCH2000)

Und Jesus spricht in Johannes 15,11 zu seinen Jüngern: *„Dies habe ich zu euch geredet, damit meine Freude in euch bleibe und eure Freude völlig werde."* „Jesus redete und lebte und starb, damit *seine* Freude – das heißt Gottes Freude! – in uns bleibt und unsere Freude vollkommen wird. Darum ist das Evangelium ‚das Evangelium der Herrlichkeit des *glücklichen* Gottes'." (John Piper)[6]

„Wenn Gott schon glücklich ist, dann muss ich ihn nicht erst durch meine Gebete glücklich machen. (...) Gott ist glücklich und ich darf teilhaben an seinem Glück." (Johannes Hartl)

Kapitel 3 Sind Christen glücklicher als andere Menschen?

„Ein Atheist sprach einst zu einer Versammlung von Menschen unter freiem Himmel. Er versuchte, sie davon zu überzeugen, dass es keinen Gott und keinen Teufel, keinen Himmel und keine Hölle, keine Auferstehung, kein Gericht und kein zukünftiges Leben gibt. Er riet ihnen, ihre Bibeln wegzuwerfen und sich nicht darum zu kümmern, was die Prediger sagten. Er empfahl ihnen, so zu denken wie er und so zu sein wie er. Er redete freimütig. Die Menge hörte eifrig zu. (...) Inmitten seiner Rede drängte sich plötzlich eine arme alte Frau durch die Menge bis zu der Stelle, wo er stand. Sie stellte sich vor ihn. Sie schaute ihm direkt ins Gesicht. ‚Mein Herr‘, sagte sie mit lauter Stimme, ‚sind Sie glücklich?‘ Der Atheist sah sie verächtlich an und gab ihr keine Antwort. ‚Mein Herr‘, sagte sie wieder, ‚ich bitte Sie, meine Frage zu beantworten. Sind Sie glücklich? Sie wollen, dass wir unsere Bibeln wegwerfen. Sie empfehlen uns, nicht zu glauben, was die Prediger über das Evangelium sagen. Sie raten uns, so zu denken wie sie und so zu sein wie sie. Bevor wir ihren Rat annehmen, haben wir ein Recht zu erfahren, was uns das bringen soll. Geben Ihnen Ihre schönen neuen Vorstellungen viel Trost? Fühlen Sie sich wirklich glücklich?‘

Der Atheist hielt inne und versuchte, die Frage der alten Frau zu beantworten. Er stammelte und wand sich und mühte sich zu erklären, was er meinte. Er versuchte mit aller Kraft, das Thema zu wechseln. Er sagte, er sei nicht gekommen, um über Glück zu predigen. Doch es half nichts. Die alte Frau beharrte auf ihrem Standpunkt. Sie bestand darauf, dass ihre Frage beantwortet werden müsse, und die Menge schloss sich ihr an. Sie bedrängte ihn mit ihrer Frage und wollte keine Ausflüchte gelten lassen. Schließlich war der Atheist gezwungen, seine Rede abzubrechen und sich verwirrt davonzuschleichen. Er konnte nicht auf die Frage antworten. Sein Gewissen erlaubte es ihm nicht – es war ihm unmöglich, zu sagen, dass er glücklich war.

Es war sehr weise von der alten Frau, diese Frage zu stellen. Das Argument, dass sie einsetzte, mag sehr banal erscheinen, aber in Wirklichkeit ist es eines der mächtigsten Argumente überhaupt. Es ist eine Waffe, die bei manchen Menschen mehr Wirkung zeigt als die ausgefeiltesten Gedankengänge. Immer wenn ein Mensch anfängt, neue religiöse Ansichten zu vertreten, und behauptet, das alte biblische Christentum zu verachten, konfrontiere sein Gewissen mit der Frage der alten Frau! Frag ihn, ob er sich mit seinen neuen Ansichten innerlich wohl fühlt. Frag ihn, ob er ehrlich und aufrichtig sagen kann, dass er glücklich ist. Der große Prüfstein für den Glauben und die Religion eines Menschen ist: ‚Macht es ihn glücklich?‘“[7]

Demgegenüber urteilte der deutsche Philosoph Friedrich Nietzsche über die Christen wie folgt:

„Bessere Lieder müssten sie mir singen, dass ich an ihren Erlöser glauben lerne: erlöster müssten mir seine Jünger aussehen!“[8]

Nietzsche wuchs in einem Pfarrhaus aus. Nach seiner Konfirmation besuchte er bis zum Abitur ein kirchliches Internat für Begabte in Naumburg. Doch obwohl er den christlichen Glauben und das christliche Leben aus nächster Nähe während seiner Jugendzeit miterlebte, überzeugte ihn dies alles nicht. Im Gegenteil: Später wurde er jemand, der das Christentum leidenschaftlich bekämpfte.

In Nietzsches Urteil, dass Christen erlöster, das bedeutet fröhlicher und glücklicher, aussehen müssten, liegt ein wahrer Kern. Gott hat ihnen doch aufgrund ihres Glaubens an Jesus Christus als ihren Retter und Herrn all ihre Schuld vergeben, ihnen ein neues, ewiges Leben in Gemeinschaft mit ihm geschenkt und sie als seine Kinder adoptiert. Müsste sich die Tatsache, dass Gott die Gläubigen so reich beschenkt hat, nicht ebenso in ihrem Äußeren zeigen?

So stellt sich die Frage: Sind Christen glücklicher als andere Menschen? Um diese Frage zu beantworten, ist es hilfreich, sich eine andere zu stellen: Was braucht es, um wahrhaft glücklich zu sein?

Kapitel 4 Was braucht es, um wahrhaft glücklich zu sein?[9]

1) Die höchsten Bedürfnisse des Menschen müssen allesamt erfüllt und befriedigt werden.

Dabei darf es kein Vakuum geben, keine Leerräume oder ungestillten Sehnsüchte. Bevor dies nicht erreicht ist, ist ein Mensch nicht wahrhaft glücklich. Was aber sind die wesentlichen Bedürfnisse des Menschen? Es handelt sich weder um intensive Genussmomente noch um irgendwelche irdischen Güter, wie Wohlstand, Gesundheit, einen Freundeskreis, Frieden oder Freiheit, sondern vielmehr um die Bedürfnisse unserer Seele und unseres Gewissens.

2) Der Mensch muss Quellen der Freude haben, die nicht von irgendwelchen Faktoren in dieser Welt abhängig sind.

In dieser Welt existiert nichts, was sich nicht durch Unbeständigkeit und Ungewissheit auszeichnet. All das Schöne und Gute, das man mit Geld erwerben kann, ist höchst flüchtig. Aber nicht nur das, all unsere Beziehungen zu anderen Menschen, die wir lieben, werden ebenfalls einmal zu ihrem Ende kommen, und der Tod wird das Band, das sie verbindet, für immer durchtrennen.
Ein Mensch, der sein Glück ausschließlich an derartige Dinge bindet, gleicht einem Menschen, von dem unser Herr Jesus einmal erzählte. Dieser baute sein Haus auf

Sand. Als dann ein Wolkenbruch kam, die Flüsse über die Ufer traten und der Sturm um das Haus tobte, stürzte es ein und kein Stein blieb auf dem anderen (Matthäus 7,24-29).

3) Er muss ohne Unbehagen in alle Richtungen blicken können?

Um wahrhaft glücklich zu sein, muss ein Mensch in die Vergangenheit zurückblicken können, ohne dabei Schuldgefühle zu bekommen, sich in der Gegenwart umschauen können, ohne dabei unzufrieden zu werden und ohne Furcht in die Zukunft schauen können. Zusammengefasst: „Er muss in der Lage sein, ruhig über Vergangenes, Gegenwärtiges und Zukünftiges nachzudenken und sich gerüstet fühlen".

Wenn du über dein bisheriges Leben nachdenkst, über all das, was du an Bösem getan und an Gutem versäumt hast zu tun, wie du Gottes Gebote übertreten und deinen Mitmenschen geschadet hast, kannst du dann ruhig und gelassen sein? Wie wirst du Gottes Urteil standhalten können, wenn er dich einmal dafür zur Verantwortung ziehen wird, wie du gelebt hast?
Und wie geht es dir, wenn du den Blick nach vorne wagst, auf die Zeit, die dir verbleibt, bevor auch du einmal diese Erde verlassen musst und Gott von Angesicht zu Angesicht gegenüberstehst? Bist du auf diesen Moment vorbereitet?
„Oh, sei gewiss, wenn du auf keine andere Zeit als die Gegenwart schauen kannst – dann ist dein viel gerühmtes Glück ein warmes, unwirkliches Gebilde! Es ist nur ein weiß getünchtes Grab, schön und prächtig von außen, aber Knochen und Verderbnis im Inneren! ... Es ist kein wirkliches Glück."

Um wahrhaft glücklich zu sein, müssen sowohl die Bedürfnisse unserer Seele als auch die unseres Gewissens befriedigt werden. Unsere Freude muss auf ein Fundament gegründet sein, das tragfähiger ist als alles, was diese Welt uns geben kann. Um wahrhaft glücklich zu sein, müssen wir in alle Richtungen - in die Vergangenheit, die Gegenwart und die Zukunft - schauen und am Ende sagen können: Es ist alles gut so, wie es ist.

Trifft dies auf einen Christen zu, auf jemanden, der an Jesus Christus glaubt als seinen Retter und ihm als seinem Herrn sein gesamtes Leben anvertraut und zur Verfügung gestellt hat?

Ich lade dich ein, dich mit mir auf eine Reise zu begeben, um dieser Frage nachzugehen. In der vor uns liegenden Zeit wollen wir uns an jedem neuen Tag jeweils einen Aspekt des jenes Glücks, das bleibt, anschauen, so wie Gott, unser aller Schöpfer, es in seinem heiligen und unfehlbaren Wort für uns überliefert hat.

Wir können den Beschluss des jungen Jonathan Edwards nur unterstreichen:
„Der Beschluss ist gefasst, für mich selbst so viel Glück in der anderen Welt zu erlangen wie möglich, mit all' der Kraft, Macht, Energie und Vehemenz, ja, Gewalt, derer ich fähig bin oder die ich aufbringen kann, auf jede nur erdenkliche Weise."[10]
Der Irrtum, dem Paulus in 1. Korinther 13,5 entgegenwirkt, so Edwards, bestehe nicht darin, dass ein Mensch sein eigenes Glück liebt, sondern darin, dass er sein Glück am falschen Ort sucht, und darin, dass er seine Liebe beschränkt und einengt.[11]

An welchem Ort suchst du dein Glück? Das ist die alles entscheidende Frage.

Kapitel 5 Lebensphilosophie des christlichen Hedonismus

1. Die Sehnsucht nach Glück ist eine universale menschliche Erfahrung. Sie ist gut und keineswegs sündhaft. Jeder Mensch ist auf der Suche nach dem Glück, das bleibt.

2. Wir sollten niemals versuchen, unsere Sehnsucht nach Glück zu leugnen oder zu unterdrücken, als ob es sich dabei um einen bösen Trieb handle. Stattdessen sollten wir danach streben, diese Sehnsucht zu intensivieren und sie zu nähren mit allem, was die tiefste und dauerhafteste Zufriedenheit bewirken kann.

3. Das tiefste und dauerhafteste Glück kann nur in Gott gefunden werden. Es kommt nicht nur von Gott, sondern ist allein in ihm zu finden.

4. Das Glück, das wir in Gott finden, erreicht seine Vollendung, wenn wir es mit anderen teilen - in den vielfältigen Wegen der Liebe.

5. In dem Maß, in dem wir versuchen, das Streben nach unserer eigenen Freude aufzugeben, versagen wir darin, Gott die Ehre zu geben und unsere Mitmenschen zu lieben. Positiv ausgedrückt bedeutet das: Das Streben nach Freude ist ein notwendiger Bestandteil jeder Anbetung und jeder Tugend. Das wiederum heißt: Des Menschen Hauptziel ist es, Gott zu verherrlichen, indem man sich für immer an Ihm erfreut.[12]

Kapitel 6 Wer weiß?!

In einem Dorf in China, nicht klein, aber auch nicht groß, lebte ein Bauer – nicht arm, aber auch nicht reich, nicht alt, aber auch nicht mehr jung, der hatte ein Pferd. Und weil er der einzige Bauer im Dorf war, der ein Pferd hatte, sagten die Leute: „Oh, so ein schönes Pferd, hat der ein Glück!"
Und der Bauer antwortete: „Wer weiß?!"
Eines normalen Tages, keiner weiß weshalb, brach das Pferd des Bauern aus seiner Koppel aus und lief weg. Der Bauer sah es noch davongaloppieren, aber er konnte es nicht mehr einfangen. Am Abend standen die Leute des Dorfes am Zaun der leeren Koppel, manche grinsten ein wenig schadenfreudig und sagten: „Oh, der arme Bauer, jetzt ist sein einziges Pferd weggelaufen. Jetzt hat er kein Pferd mehr, der Arme!"
Der Bauer hörte das und murmelte nur: „Wer weiß?!"
Ein paar Tage später sah man morgens auf der Koppel des Bauern das schöne Pferd, wie es mit einer wilden Stute im Spiel hin- und herjagte: Sie war ihm aus den Bergen gefolgt. Groß war der Neid der Nachbarn, die sagten: „Oh, was hat der doch für ein Glück, der Bauer!"
Aber der Bauer sagte nur: „Wer weiß?!"
Eines schönen Tages im Sommer stieg der einzige Sohn des Bauern auf das Pferd, um es zu reiten. Schnell war er nicht mehr alleine, das halbe Dorf schaute zu, wie er stolz auf dem schönen Pferd ritt. „Aah, wie hat der es gut!"
Plötzlich erschreckte sich das Pferd, bäumte sich auf und der Sohn, der einzige Sohn des Bauern, fiel hinunter und brach sich das Bein in viele kleine Stücke, bis zur Hüfte. Und die Nachbarn schrien auf und sagten: „Oh, der arme

Bauer, sein einziger Sohn! Ob er jemals wieder wird richtig gehen können? So ein Pech!"
Aber der Bauer sagte nur: „Wer weiß?!"
Einige Zeit später schreckte das ganze Dorf aus dem Schlaf, als gegen morgen ein wildes Getrappel durch die Straßen lief. Die Soldaten des Herrschers kamen in das Dorf geritten und holten alle Jungen und Männer aus dem Bett, um sie in den Krieg mitzunehmen. Der Sohn des Bauern konnte nicht mitgehen. Und so mancher saß daheim und sagte: „Was hat der für ein Glück!"
Aber der Bauer murmelte nur: „Wer weiß?!"
(Chinesische Geschichte)

Kapitel 7 Christus ist mein Herr

Ich war verlor'n, in Dunkelheit
und ging den Weg der Welt.
Doch was versprach mir Lebensglück
ließ mich zerstört zurück.
Und keine Hoffnung hatte ich,
gehorchte Dir, Herr, nicht.
Wenn Du mich nicht zuerst geliebt,
wär' ich noch gegen Dich.

So lief ich los, getrennt von Gott
und sah doch nicht den Preis,
doch voll Erbarmen zogst Du mich
und führtest mich zum Kreuz.
Die Liebe Gottes sah ich dort:
Du litt'st an meiner statt
und trugst den Zorn, der mir doch galt.
Durch Gnade lebe ich.

Halleluja, Christus ist mein HERR.
Halleluja, nichts brauch' ich noch mehr!

Jetzt leb' ich, Herr, für Dich allein,
so dass es alle seh'n:
Die Kraft, zu folgen Deinem Wort,
sie kommt doch nur von Dir.
O Vater, nimm mein Leben hin,
gebrauch mich, wie Du willst.
Bekennen will ich allezeit:
Mein Ruhm, Herr, bist nur Du![13]

Kapitel 8 Das Glück, den Weg der Weisheit zu gehen

Deshalb, meine Söhne, hört auf mich, denn wer meinen Weg (scil. den Weg der Weisheit) wählt, ist glücklich. (...) Glücklich ist, wer auf mich hört und täglich an meinen Toren nach mir Ausschau hält und vor meinem Haus auf mich wartet! Denn wer mich findet, der findet das Leben und gewinnt die Anerkennung des HERRN. (Sprüche 8,32-35 NLB)

Wie glücklich ist ein Mensch, der die Weisheit gefunden und Erkenntnis erlangt hat!
Denn ihr Erwerb ist besser als Gelderwerb, und ihr Gewinn ist mehr wert als feines Gold.
Sie ist kostbarer als Perlen, und alle deine Schätze sind ihr nicht zu vergleichen. (...) Sie ist ein Baum des Lebens denen, die sie ergreifen, und wer sie festhält, ist glücklich zu preisen. (Sprüche 3,13-15.18)

„Die Weisheit Gottes ist die vollkommene Erkenntnis aller Dinge, aller Zusammenhänge und aller Abläufe." Gott besitzt sie von Ewigkeit her, sie ist Teil seines Wesens. Er hat sie uns auf dreierlei Weise offenbart:
* *In seinem Wort* ...
* *In seinem Sohn*, dem Herrn Jesus. *Er* ist die personifizierte Weisheit, „in dem verborgen sind alle Schätze der Weisheit" (Kolosser 2,3).
* *In der Schöpfung*, die er durch Ihn ins Dasein gerufen hat.

Gott hat seine Weisheit ... den
Menschen nicht nur ge*offenbart*. Er will
sie ihnen auch *geben*.[14]

Gott hat das Universum geschaffen und alles, was
existiert, wunderbar geordnet, vom Allergrößten bis zum
Allerkleinsten, von den Vorgängen in fernen Galaxien bis
hin in den Bereich der Quarks (Sprüche 3,19). Des
Weiteren hat er den Menschen mit Vernunft
ausgestattet. Durch sie ist er in der Lage, die ihn
umgebende Wirklichkeit zu beobachten und zu
untersuchen und die Regeln und Ordnungen zu
erkennen, nach denen das Leben in allen seinen
Beziehungen abläuft. Beachtet der Mensch die Regeln,
die der Schöpfer in seine Schöpfung hineingelegt hat und
ordnet sich in die von ihm gesetzten Ordnungen ein,
dann wird er erfahren, dass sein Leben gelingt, dass er
ein glückliches und erfülltes Leben führt. Außerdem ehrt
er auf diese Weise seinen Schöpfer, weil er dessen
Ordnungen respektiert und sich dementsprechend
verhält.

Gott hat sich aber nicht nur in der Schöpfung offenbart,
sondern ebenfalls in seinem Wort. Durch dieses schenkt
er den Menschen Weisheit und Einsicht (Psalm 19,8b
NGÜ[15]). Wer sein Leben nach Gottes Wort ausrichtet und
die dort offenbarten Gebote gehorsam befolgt, handelt
weise und ehrt gleichzeitig Gott. Einem solchen
Menschen verleiht Gott wachsende Weisheit und
Einsicht. Durch sein Wort rüstet er die Gläubigen aus, in
ihrem Leben die richtigen Entscheidungen zu treffen.
Dass sie ihr Leben so führen, dass es Gott gefällt; dass sie
dem Wesen Jesu immer ähnlicher werden und die
Herausforderungen des Glaubenslebens siegreich
bestehen.

Zuletzt und unüberbietbar hat Gott seine Weisheit offenbart in seinem Sohn Jesus Christus. *Er* ist die Weisheit in Person, *„in welchem alle Schätze der Weisheit und der Erkenntnis verborgen sind.“* (Kolosser 2,3 SCH2000[16]).

Worin besteht das Glück, den Weg der Weisheit zu gehen?

1. Wer auf dem Weg der Weisheit wandelt, führt ein glückliches Leben, ein Leben, das gelingt und von Sinn erfüllt ist. *„Weisheit macht das Leben erst lebenswert. Leben und göttliche Gunst findet man nur in der ewigen Weisheit.“* (Sprüche 3,18)

2. Wer den Weg der Weisheit geht, den er im Wort Gottes findet, befolgt Gottes Willen und seine Gebote (Sirach 15,1). Ein solcher Mensch erlebt es als zutiefst beglückend, seinen Gott und Schöpfer auf diese Weise zu ehren und zu erfreuen.

3. Wer an Jesus Christus – die Weisheit Gottes – glaubt, hat damit gleichzeitig das ewige Leben in Gemeinschaft mit Gott gefunden, weil er das Leben selbst ist (Johannes 3,16)[17]. Wer an den Sohn Gottes glaubt als seinen Retter und Herrn, der hat bei Gott, „Wohlgefallen erlangt“.[18] Wer die Weisheit findet, „der findet das Leben“, das heißt alle Seligkeit und alles Gute, was er braucht oder sich wünschen kann. Christus ist die Weisheit und wer ihn findet und an ihn glaubt, der findet das Leben.[19]

4. Wer sein Vertrauen auf Christus – die Weisheit Gottes – setzt und danach trachtet, zu ihm hin zu wachsen, so wie sich eine Blume stets der Sonne zuneigt, der macht die beglückende Erfahrung, dass er ihm immer ähnlicher wird (Römer 8,29 NGÜ).

Wie glücklich ist der Mensch, der sich eifrig mit der Weisheit befasst und beim Denken seinen Verstand gebraucht! Er denkt über die Wege der Weisheit nach und lernt ihre Geheimnisse kennen. (...) So handeln alle, die den Herrn ehren und ihm gehorchen. Wer sich im Gesetz (in der Weisung) auskennt, erlangt Weisheit.
(Sirach 14,20-21; 15,1 GNB)

Kapitel 9 Das Glück, die Dinge, die Gott einem schenkt, dankbar zu genießen

Das größte Glück genießt ein Mensch in dem kurzen Leben, das Gott ihm gibt, wenn er isst und trinkt und es sich gut gehen lässt bei aller Last, die er zu tragen hat. Das ist der Lohn für seine Mühen. (Prediger 5,17 Hfa)

Wie schön ist es, dem HERRN zu danken – deinen Namen, du Höchster, zu besingen! (Psalm 92,2 NGÜ)

Die Erkenntnis, dass es für unser Leben bedeutsam ist, dankbar zu sein, ist nicht neu. Bereits der römische Philosoph und Schriftsteller Cicero hielt die Dankbarkeit für die Mutter aller Tugenden. Sie hat von allen positiven Emotionen eine der stärksten Auswirkungen auf die psychische und mentale Gesundheit. Es gibt zahlreiche Studien, die die positive Wirkung der Dankbarkeit auf Gehirn, Gesundheit und Lebenszufriedenheit nachweisen: Dankbare Menschen sind optimistischer, belastbarer, glücklicher, weniger depressiv, leiden weniger unter Stress und sind zufriedener mit ihrem Leben und ihren Beziehungen. Kurzum: Dankbarkeit macht glücklich – das zeigen die Studien der Positiven Psychologie. Aus diesem Grund hält der Büchermarkt zahlreiche Dankbarkeitstagebücher für uns bereit. Sie sollen uns dabei unterstützen, dankbar(er) und somit glücklicher zu leben. Gründe, für die wir dankbar sein können, gibt es genug. Würden wir uns nur immer wieder bewusst machen, dass wir alles besitzen, was wir zum

Leben benötigen. Dass wir in Frieden und Freiheit leben dürfen. Dass wir mehr oder weniger gesund sind. Dass wir einen Lebenspartner haben, mit dem wir unseren Lebensweg gemeinsam gehen dürfen oder einen guten Freund, mit dem wir Freud und Leid teilen. Dass jeden Morgen neu die Sonne aufgeht und Leben auf diesem Planeten ermöglicht.

„Durchs Danken kommt Neues ins Leben hinein."

Wem haben wir dies alles zu verdanken? Wem gilt mein Dank? Dem Schicksal? Dem Zufall? Der „Biologie"? Unser Dank braucht ein Gegenüber. Die Bibel, Gottes heiliges Wort, weist unseren Blick auf denjenigen, der uns in seiner grenzenlosen Güte mit allem, was wir haben, beschenkt hat, den lebendigen Gott, und fordert uns als seine Geschöpfe auf:
„Dankt dem HERRN, denn er ist freundlich, ja, ewig währt seine Güte. (...) Dankt ihm, der allen lebendigen Wesen ihr Brot gibt, denn ewig währt seine Güte." (Psalm 136,1.25 NGÜ)

Du kennst sicher den Ausspruch: „Gott sei Dank". Man hört ihn selbst von Menschen, die nicht an Gott glauben. Es handelt sich dabei meist nur um eine leere Floskel. Die Leute danken nicht wirklich Gott dafür, dass ihnen etwas Gutes widerfahren ist. Der Schöpfer erwartet zu Recht von seinen Geschöpfen, dass sie ihm danken für alles, was er ihnen in seiner unermesslichen Güte gegeben hat. Auf diese Weise ehren sie ihn für das, wer er ist. Dank ist die Antwort des Geschöpfs auf das rettende und lebensförderliche Handeln des Schöpfers.
So dankt beispielsweise Lea für die Geburt ihres Sohnes Juda (1. Mose 29,35). Der Prophet Jona singt nach seiner Rettung aus Todesgefahr ein Danklied für Gott (Jona 2,3-10). Noah dankt Gott für die Bewahrung durch die Sintflut hindurch mit einem Dankopfer (1. Mose 8,20).

Und Mose stimmt nach der Rettung durchs Schilfmeer ein Lob- und Danklied für die Rettung des Volkes an (2. Mose 15).

„Dankbarkeit ist … ein tiefes Lebensgefühl, das nahe beim Glück wohnt." , so der Pfarrer Peter Schaal-Ahlers. Wie schnell starren wir allein auf die leidvollen und schmerzlichen Erfahrungen in unserem Leben und übersehen all das Andere, das Schöne und Erfreuliche. Wie leicht nehmen wir all das Gute, was uns widerfährt, für selbstverständlich. Deshalb ist es wesentlich, Dankbarkeit im Alltag einzuüben und dem Leben abzutrotzen. Sich bewusst auf das Gute im Leben zu besinnen und seinen inneren Fokus auf Gott auszurichten.
Verschiedene Rituale können uns dabei helfen, wie zum Beispiel das Gebet zum Essen oder vor dem Schlafengehen. Am Ende des Tages lässt man das Gewesene noch einmal Revue passieren, überlegt, was schön war, was gelungen ist, wo Gott uns mit Gutem beschenkt hat. Anschließend lobt und dankt man Gott dafür. Manch einer klebt sich einen hilfreichen Spruch, wie zum Beispiel: „Danken schützt vor Wanken und Loben zieht nach oben" an den Badezimmerspiegel, wo er ihn - zumindest zweimal am Tag - morgens und abends sieht.
Wer dankt, der ist sich dessen wohl bewusst, dass nichts von dem, was er hat und kann, selbstverständlich ist. Alles kommt von Gott, so der Apostel Paulus: *„Was aber hast du, das du nicht empfangen hättest? Wenn du es aber empfangen hast, was rühmst du dich, als hättest du es nicht empfangen?"* (1. Korinther 4,7 NZB).

Sind wir als Christen aufgerufen, nur für das Gute und Schöne zu danken oder auch für das Schwere und Bittere? Paulus ruft die Christen in der Gemeinde von

Thessalonich dazu auf: „*Seid in allem dankbar; denn das ist der Wille Gottes in Christus Jesus für euch.*" (1. Thessalonicher 5,18). Als Hiob vom Tod seiner Kinder erfährt, spricht er: „*Der HERR hat gegeben, der HERR hat genommen; der Name des HERRN sei gelobt!*" (Hiob 1,21 SCH2000). In der Gefangenschaft im Dezember 1944 schrieb der Theologe Dietrich Bonhoeffer folgende bewegende Zeilen: „Und reichst du uns den schweren Kelch, den bittern des Leids, gefüllt bis an den höchsten Rand, so nehmen wir ihn dankbar ohne Zittern aus deiner guten und geliebten Hand." Ein Pfarrer sagte einmal bei einer Trauerfeier: „Die Rückseite der Trauer über den Verstorbenen ist die Dankbarkeit darüber, dass er unser Leben reich gemacht hat."

Es ist beglückend, wenn ein Mensch alles, womit Gott ihn in seinem Leben beschenkt, genießen und ihm dafür danken kann (1. Timotheus 4,3 NGÜ), so zum Beispiel für eine leckere Speise, ein köstliches Getränk und einen erfüllenden Abend mit dem Partner, der Familie oder Freunden.

Wie schön ist es, dem HERRN zu danken – deinen Namen, du Höchster, zu besingen! (Psalm 92,2 NGÜ)

„Nicht die Glücklichen sind dankbar. Es sind die Dankbaren, die glücklich sind." (Francis Bacon)

Kapitel 10 Oh, wie schön ist Panama

„Oh, wie schön ist Panama", heißt eine Kindergeschichte von Janosch. Die beiden Hauptcharaktere der Geschichte, ein Bär und ein Tiger, finden im Fluss eine hölzerne Bananenkiste mit der Aufschrift „Panama". Vom Fernweh gepackt wollen sie dorthin reisen. Sie laufen aber, ohne es zu merken, im Kreis. Und als sie nach langer Zeit wieder ihr Zuhause erreichen, erkennen sie es nicht mehr. Die Pflanzen sind wild gewuchert und das Haus völlig heruntergekommen. Als die beiden dann auf dem Boden die Überreste der Bananenkiste finden, auf der noch immer „Panama" steht, sind sie überglücklich. Sie glauben endlich am Ziel angekommen zu sein. So richten der Tiger und der Bär das verfallene Haus wieder her und leben fortan voller Freude an dem Ort ihrer Träume. Eine wirklich schöne Erzählung, bei der auch etwas für uns Erwachsene dabei ist. Dem Tiger und dem Bären hatte nur eins zu ihrem Glück gefehlt, nämlich in Panama zu sein. Dabei waren sie am Ende ja eigentlich nicht wirklich in Panama, sondern noch immer im selben gewöhnlichen Zuhause, in dem sie schon immer gelebt hatten. Nicht ein Wechsel der äußeren Umstände hat sie letztlich glücklich gemacht, sondern ein Wechsel der inneren Perspektive. Das Alte mit neuen Augen sehen. Das Leben mit dankbaren Augen zu betrachten und das wertzuschätzen, was ich erleben darf, das ist ein Schlüssel zum Glück. Und dann kann ich sagen: Oh wie schön ist Panama![20]

Kapitel 11 Das Glück wächst aus der Dankbarkeit

Der kleine Prinz, der vor vielen Jahren den Dichter Saint Exupéry begleitet hatte, war wieder auf die Erde gekommen, um mehr über die Menschen zu erfahren. Dazu setzte er sich gern zu ihnen auf die Bank im Park. Dort begegnete er denen, die innehalten, sich besinnen, ausspannen, zurück oder in die Zukunft blicken und sich zumeist einlassen auf ein Gespräch mit ihm.

"Wir sind zusammen alt geworden", sagte eine Frau. "Wir sind unseren Lebensweg Seite an Seite gegangen, wie wir es uns vor vielen Jahren am Traualtar versprochen haben", ergänzte der Mann an ihrer Seite, "und wir sind dankbar und glücklich, immer noch glücklich."

"Gern lerne ich etwas über das Glücklichsein", sagte der ewig kleine Prinz. "Ich habe schon viel gelernt über Traurigkeit, über Sorge und Not der Menschen, wenig über das Glück. Ich spüre, ihr lebt glücklich miteinander, ihr strahlt es aus. Sicher ist euer Zusammenleben geprägt von Harmonie und ihr habt euch nie gestritten."

"Nie gestritten?", wiederholt der Mann, "wir …" "Sehr oft", fiel ihm die Frau ins Wort. "Oh doch, auf unserem langen gemeinsamen Weg haben immer wieder mal Meinungsverschiedenheiten ausgetragen. Dennoch blicken wir dankbar auf die gemeinsame Zeit zurück; ja, wir sind glücklich."

"Dankbar seid ihr, weil es euch sicherlich immer gut ging. Ihr bliebt verschont von Krankheit und Schmerz, von Trauer und von Rückschlägen", sagte der kleine Prinz.

"Das erklärt eure Zufriedenheit." "Krankheit", antwortete der Mann, "davon können wir ein Lied singen." "Und von Schmerzen", ergänzte die Frau, "auch von traurigen Zeiten."

"Ich dachte, ihr seid so glücklich, weil euer Leben verschont war von Sorge und Not. Doch ihr habt alle Höhen und Tiefen durchlebt", sagte der kleine Prinz. "Und doch sprecht ihr von Glück?"

"Wenn ich auf unser Leben zurückschaue", sagte die Frau, "denke ich, wir sind noch heute so glücklich miteinander, weil wir stets dankbar waren, immer wieder dankbar." "Welche steinigen Strecken miteinander auch zu überwinden sind", ergänzte der Mann, "Undank sollte nicht das Herz ergreifen. Das wäre ungerecht, ungerecht dem Partner gegenüber, mit dem man so viele wunderbare Strecken ging, und ungerecht Gott gegenüber, der uns so viel schenkte."

„Glück und Dankbarkeit gehören zusammen?", fragte der kleine Prinz.

„Ich denke, Dankbarkeit ist ein wichtiger Schlüssel", sprach der Mann. „Glücklich kann nur sein und bleiben, wer dankbar ist."

„Ich habe von euch viel gelernt über das Glück der Menschen", sagte der ewig kleine Prinz. Und er wiederholte, um es sich zu merken: „Glücklich kann nur sein und bleiben, wer dankbar ist."[21]

Kapitel 12 Das Glück, von Gott erwählt zu sein

Glücklich ist, der zu nennen, den du erwählt hast und in deine Nähe kommen lässt! (Psalm 65,5 NGÜ)

Denn in Christus hat er uns schon vor der Erschaffung der Welt erwählt mit dem Ziel, dass wir ein geheiligtes und untadeliges Leben führen, ein Leben in seiner Gegenwart und erfüllt von seiner Liebe. (Epheser 1,4 NGÜ)

In seinem Brief an die Gemeinde in Ephesus schreibt der Apostel Paulus davon, dass Gott diejenigen, die an Christus glauben, bereits erwählt hat, bevor irgendetwas existierte und lange bevor es dich und mich gab. Ein erstaunlicher, erhabener, ja überwältigender Gedanke.

Was bedeutet es, dass jemand erwählt wird? Dass er unter vielen anderen bevorzugt wird mit dem Ziel, eine Beziehung zu dem Erwählenden aufzubauen. Man kann dies vergleichen mit einem Kind, das in einer Tierhandlung ein bestimmtes Kaninchen auswählt, weil es dieses auf den ersten Blick liebgewonnen hat.

Was veranlasste Gott dazu, einen bestimmten Menschen zu erwählen? Wählte er ihn etwa aus, weil dieser mehr Glauben besaß, mehr die Bibel las, mehr betete, sich mehr in der Gemeinde engagierte oder ein besseres (moralischeres) Leben führte? Nein, gewiss nicht, denn Gottes Erwählung geschah bereits, als die betreffende Person noch gar nicht auf der Welt war. Paulus gibt uns eine Antwort auf unsere Frage: *„Aus Liebe hat er uns dazu bestimmt, seine Söhne und Töchter zu werden – durch Jesus Christus und im Blick auf ihn. Das war sein Wille und so gefiel es ihm[22]"* (Epheser 1,5 GNB)

In Römer 9,11-12 verdeutlicht der Apostel anhand von Jakob und Esau, wie die Erwählung Gottes zu verstehen ist: *„Noch bevor sie daher geboren waren und irgendetwas Gutes oder Böses getan hatten, sagte er zu Rebekka: ‚Der Ältere wird sich dem Jüngeren unterordnen müssen.' Damit bekräftigte Gott die bleibende Gültigkeit seines Plans, nach dem seine Wahl nicht von menschlichen Leistungen (Werken) abhängig ist, sondern einzig und allein von seiner eigenen freien Entscheidung."* (NGÜ)

Die Erwählung geschieht folglich nach der „freien Auswahl" Gottes (Vers 11) und „nicht aufgrund von Werken" (Vers 12). Wie hätten Jakob oder Esau gute Taten vorweisen können, als sie noch gar nicht geboren waren? Diese Stelle macht unmissverständlich klar, dass Gott aufgrund seiner freien und souveränen Entscheidung Jakob dem Esau vorgezogen hat. Das ist die Bedeutung von Gnade in der Bibel: Gott hat bei der Erwählung weder auf die guten noch auf die schlechten zukünftigen Werke der Menschen geschaut. Er hat auch keinen künftigen Glauben vorhergesehen, den ein Mensch irgendwann einmal haben wird. Meine Sündhaftigkeit war kein Hindernis für Gott, mich zu erwählen, und meine guten Werke haben seine Entscheidung nicht positiv beeinflusst.

Wozu hat Gott die Gläubigen erwählt? Zum Heil, zur Errettung und nicht etwa nur zu einem bestimmten

Dienst: *„Von allem Anfang an hat er uns dazu bestimmt, durch Jesus Christus seine Söhne und Töchter zu werden. Das war sein Plan; so hatte er es beschlossen."* (Epheser 1,5 NGÜ). Gottes Kinder zu sein, bedeutet, errettet zu sein, erlöst zu sein, mit Gott Gemeinschaft haben für immer. (Vgl. 2. Thessalonicher 2,13.)[23]

Der Psalmist spricht davon, dass all diejenigen glücklich zu nennen sind, die Gott erwählt hat und ihnen erlaubt, in seine Nähe kommen zu dürfen (Psalm 65,5). Das ist im Alten Bund die „am Tempel erfahrbare Gottesgemeinschaft". Dort soll der Gläubige das „tiefste Lebensglück" suchen, dort wird er es finden. In den nächsten beiden Teilen des Psalms macht David deutlich, dass sich dies nicht allein auf die Innerlichkeit beschränkt, sondern ebenfalls in den konkreten Gaben der Schöpfung greifbar wird.[24]

Als Gläubige des Neuen Bundes dürfen wir uns Gott nahen und Gemeinschaft mit ihm haben. Wir dürfen genießen, was unser Herr Jesus zu unserer Rettung getan hat durch sein gewaltsames Sterben am Kreuz. Der Tempel als Ort der Gottesgemeinschaft ist seitdem nicht mehr ein bestimmter geographischer Ort, sondern jedes Gotteskind. *„Habt ihr denn vergessen, dass euer Körper ein Tempel des Heiligen Geistes ist? Der Geist, den Gott euch gegeben hat, wohnt in euch, und ihr gehört nicht mehr euch selbst."* (1. Korinther 6,19 NGÜ)

Gibt es eine tiefere Freude, eine umfassendere Erfüllung, einen höheren Genuss oder ein größeres Glück, den heiligen und gerechten Gott, den Schöpfer des gesamten Universums, Vater nennen und in inniger Gemeinschaft

mit ihm leben zu dürfen für immer? Wenn das kein
Grund ist, Gott zu loben und von Herzen zu preisen.

**„In seiner Nähe zu leben und von seiner Wohltätigkeit
gesättigt zu sein, das ist der grösste Segen und Grund
denjenigen glücklich zu preisen"**[25]

Kapitel 13 Das Glück, zu Gottes Volk zu gehören und an der ersten Auferstehung teilzuhaben

Glücklich, wer zu Gottes heiligem Volk gehört und an der ersten Auferstehung teilhat! Über diese Menschen hat der zweite Tod keine Macht; vielmehr werden sie Gott und Christus als Priester dienen und während der tausend Jahre mit Christus regieren. (Offenbarung 20,6 NGÜ)

Jesus starb stellvertretend für die Sünden der Menschen an einem römischen Kreuz vor den Toren Jerusalems. Er nahm die Strafe für unsere Sünden auf sich: den Tod, die ewige Trennung von Gott. Als Jesus starb, dachten seine Feinde, sie hätten gesiegt und seine Jünger, es sei alles aus und vorbei (Lukas 24,21). Doch es kam ganz anders. Am dritten Tag erweckte der Vater im Himmel ihn von den Toten in ein qualitativ vollkommen neues Leben hinein. Jesus lebt. Er hat den Tod besiegt. Er ist der Erste und viele werden ihm nachfolgen auf diesem Weg. *"Christus ist von den Toten auferstanden! Er ist der Erste, den Gott auferweckt hat, und seine Auferstehung gibt uns die Gewähr, dass auch die, die im Glauben an ihn gestorben sind, auferstehen werden."* (1. Korinther 15,20 NGÜ)
Jesus Christus sagt von sich selbst: *"Ich bin die Auferstehung und das Leben. Wer an mich glaubt, wird leben, auch wenn er stirbt."* (Johannes 11,25 NGÜ)
Wer an ihn - der das Leben ist - glaubt und durch den Glauben verbunden mit ihm ist, der lebt, auch wenn er

einmal stirbt und diese Welt verlassen muss. Er ist untrennbar verbunden mit der Quelle des Lebens.
"*…das ewige Leben zu haben heißt, dich zu kennen, den einzigen wahren Gott, und den zu kennen, den du gesandt hast, Jesus Christus.*" (Johannes 17,3 NGÜ)
Kannst du das auch von dir sagen: Das Leben zu haben, heißt für mich, den Herrn Jesus zu kennen? Ist Christus dein Leben(sinhalt)? (Philipper 1,21)

Die Bibel spricht von zwei unterschiedlichen Auferstehungen. In Offenbarung 20,6 ist davon die Rede, dass diejenigen glücklich sind, die an der Ersten teilhaben. Worum handelt es sich bei der zweiten Auferstehung? Die Menschen, die an ihr teilhaben, kommen in das Gericht Gottes und werden auf der Basis ihrer Sünden verurteilt. Derjenige, der an der ersten Auferstehung teilhat, kommt nicht in dieses Gericht. Er hat das Leben, er darf mit Gott und seinem Sohn Jesus Christus in Ewigkeit Gemeinschaft haben und sich an ihnen erfreuen. So sagte es der Herr Jesus einmal zu den Angehören seines Volkes:
"*Wahrlich, wahrlich, ich sage euch: Wer mein Wort hört und dem glaubt, der mich gesandt hat, der hat ewiges Leben und kommt nicht ins Gericht, sondern er ist vom Tod zum Leben hindurchgedrungen.*" (Johannes 5,24 SCH2000)
Deshalb ist es so entscheidend, dass wir teilhaben an der ersten Auferstehung.

Wenn wir sterben, kommen wir ins Paradies. Das ist jener Ort, von dem der Herr Jesus zu dem einen Verbrecher, der neben ihm am Kreuz hing, sprach: "*Heute noch wirst du mit mir im Paradies sein*" (Lukas 23,43 NGÜ). Dort werden wir Gemeinschaft mit Jesus haben. Das ist aber nicht das Endziel unserer Reise. Es wird einen Zeitpunkt

geben, an dem der Herr Jesus Christus in Herrlichkeit
wiederkommen wird auf den Wolken des Himmels. Dann
wird er die Körper aller derer, die an ihn glauben und zu
ihm gehören, auferwecken in das neue Leben Gottes
hinein. Dann werden sie mit einem neuen, geistlichen
Herrlichkeitsleib umkleidet werden (1. Korinther
15,43-44). Dieser Leib kennt keine Alterungsprozesse
mehr, keine Krankheiten und kein Sterben. Erst in der
Verbindung von Seele und Leib wird der Mensch wieder
komplett und vollendet. Das unterscheidet den
christlichen Glauben grundlegend von allen esoterischen
Vorstellungen.

Was ist das Glück der Christen? Die Teilhabe an der
ersten Auferstehung? Der neue, unvergängliche Körper,
die nicht altert und stirbt? Mit Christus zu regieren? Ihm
dienen zu dürfen? Gewiss, dies alles ist großartig und
beglückend. Und Gotteskinder sind Christus dafür von
Herzen dankbar. Doch größer, schöner, herrlicher und
erstrebenswerter ist es, bei Jesus zu sein, Gemeinschaft
mit ihm zu haben. Ihn schauen zu dürfen von Angesicht
zu Angesicht und sich ewig an ihm zu erfreuen. Das ist
das wahre Glück.

"Mit der Zeit stellen Christen fest, dass die Quelle wahren
Glücklichseins in Gott allein zu finden ist; im Himmel wird
die einzige Quelle des Glücks sein...". (Jeremiah
Burroughs)[26] Dort werden wir in einer unmittelbaren und
innigen Gemeinschaft mit Gott leben, die durch nichts
mehr getrübt und gestört ist.
*"Einen Tempel sah ich nicht in der Stadt. Der Herr selbst,
der allmächtige Gott, ist ihr Tempel, er und das Lamm.
Auch sind weder Sonne noch Mond nötig, um der Stadt
Licht zu geben. Sie wird von der Herrlichkeit Gottes*

erhellt; das Licht, das ihr leuchtet, ist das Lamm."
(Offenbarung 21,22-23 NGÜ)

Kapitel 14 Das Glück, zum himmlischen Mahl eingeladen zu sein

„Glücklich, wer zum Hochzeitsmahl des Lammes eingeladen ist!" Und er fügte hinzu: „Auf alle diese Worte ist Verlass, denn es sind Worte Gottes." (Offenbarung 19,9 NGÜ)

Das Lamm, vom hier die Rede ist, ist niemand anderes als der Herr Jesus Christus. Dessen Leiden und gewaltsames Sterben am Kreuz hat der Prophet Jesaja bereits mehr als 700 Jahre vor Christi Kommen auf diese Erde prophetisch angekündigt:
"Er wurde misshandelt, aber er beugte sich und tat seinen Mund nicht auf, wie ein Lamm, das zur Schlachtung geführt wird, und wie ein Schaf, das stumm ist vor seinen Scherern; und er tat seinen Mund nicht auf. (...) Denn er wurde abgeschnitten aus dem Land der Lebendigen: Wegen der Übertretung meines Volkes hat ihn Strafe getroffen." (Jesaja 53,7.8b Elb03)
Jesus ist das Lamm Gottes, das die Sünde der ganzen Welt wegnimmt. So hatte Johannes der Täufer von ihm gezeugt (Johannes 1,29.36).
Jesus hat sich gegen seine Gefangennahme, Folterung und Ermordung nicht gewehrt. Er hat alles willig über sich ergehen lassen. Er hat sogar gebetet für die Schaulustigen, die sich um das Kreuz versammelt hatten, um ihn zu verspotten und zu verhöhnen (Lukas 23,34). Der Herr Jesus hätte die Macht gehabt, vom Kreuz herabzusteigen und alle Versammelten mit dem Hauch seines Mundes zu töten, doch er tat es nicht. Er wusste,

dass er nur auf diesem Weg in der Lage war, uns Menschen zu retten. Deshalb ging er gehorsam den Weg seines Vaters weiter und starb aus Liebe stellvertretend für unsere Übertretungen (Philipper 2,8; Römer 5,8). Die Strafe für unsere Sünde - der Tod - hat ihn getroffen (Römer 6,23).

Dieser Jesus – das Lamm Gottes, das die Sünde der Welt am Kreuz auf sich genommen hat – lädt alle zum großen Hochzeitsmahl am Ende der Zeiten in Gottes Neuer Welt ein. Er fordert sie auf, von ihrem verkehrten Weg umzukehren, an ihn als ihren Retter zu glauben und ihm als ihrem Herrn ihr ganzes Leben vertrauensvoll zu unterstellen. Das Hochzeitsmahl ist eines der vielen Bilder, mit denen uns die Bibel beschreibt, wie es im Himmel sein wird. Jedes von ihnen beleuchtet eine andere Facette. Die Neue Welt Gottes ist vergleichbar einem großen, überaus reichhaltigen, opulenten und herrlichen Hochzeitsmahl. Bei diesem Fest ist Jesus der Bräutigam und diejenigen, die an ihn glauben und zu ihm gehören - die Gemeinde - seine Braut. Am Ende der Zeit findet im Himmel die Vermählung zwischen beiden statt. Wir würden das Bild vom Hochzeitsmahl gründlich missverstehen, würden wir hier lediglich an so etwas wie ein Schlaraffenland denken. Gewiss ist bei Gott und in seiner Nähe die Fülle. Das Glück, von dem hier die Rede ist, besteht aber nicht in dem Feiern und Schlemmen, sondern in der Vereinigung mit dem Herrn Jesus. Das ist bei einer irdischen Hochzeit hoffentlich ebenso. Geht es dem Bräutigam vor allem um die Party oder darum, mit einer wundervollen Frau sein Leben teilen zu dürfen? Wer einmal richtig verliebt war, dem wird die Antwort auf diese Frage nicht schwerfallen. So wie die Braut das Glück des Bräutigams ist und umgekehrt, ist für einen Christen sein Herr Jesus sein höchstes Glück. Mit ihm

Gemeinschaft zu haben und sich ewig an ihm erfreuen zu dürfen, ist für ihn das Höchste, Größte und Schönste.

So heißt es in einem Lied:

Wenn nach der Erde Leid, Arbeit und Pein
ich in die goldenen Gassen zieh ein,
wird nur das Schaun meines Heilands
allein Grund meiner Freude und
Anbetung sein.

Das wird allein Herrlichkeit sein,
wenn frei von Weh ich sein Angesicht seh!
(Hedwig von Redern)[27]

Kapitel 15 Das Glück, Gottes Kind zu sein und von ihm erzogen zu werden

Glücklich zu preisen ist der Mensch, den du, HERR, erziehst und aus deinem Gesetz belehrst. (Psalm 94,12 NGÜ)

Wie glücklich ist der Mensch, den Gott zurechtweist! Wenn er dich jetzt erzieht, lehn dich nicht auf! (Hiob 5,17 GNB)

In der Bibel wird Gott uns vorgestellt als ein liebevoller und liebender Vater, der seine Kinder "erzieht". Der sie anleitet, der sie prägt und ihnen all das beibringt, was sie zum Leben benötigen. Gott vollbringt dieses Erziehungswerk vor allem durch sein Wort (Gesetz), aber auch, indem er ihnen schmerzliche Erfahrungen zumutet oder sie mit Hilfe anderer Menschen verändert.

Wenn wir von "Erziehung" sprechen, schwingen immer konkrete Vorstellungen mit, was Erziehung bedeutet, welche Ziele sie verfolgen soll und welche Mittel geeignet sind, diese Aufgabe zu erfüllen. Gott als Pädagoge unterscheidet sich wesentlich von menschlichen Erziehungstheorien und -praktiken, heutigen wie vergangenen. Er dressiert nicht, manipuliert nicht und zwingt seinen Willen niemandem auf. Er sucht ein freiwilliges Ja zu ihm. Liebe gedeiht nur auf dem Boden der Freiwilligkeit. Und Gehorsam bedeutet nicht erzwungene Unterwerfung, sondern, dass wir Gott vertrauen und sein Wort befolgen, selbst wenn uns manches nicht einleuchtet oder widerstrebt.

 Warum ist derjenige glücklich, der von Gott erzogen wird?

Im Hebräerbrief finden wir zwei Antworten auf unsere Frage: *„Denn der Herr erzieht nur, wen er liebt. Jedes Kind, das er annimmt, das stellt er unter seine Zucht. Haltet also Gottes Erziehung geduldig aus."* (Hebräer 12,6 NT Berger; vgl. Sprüche 3,11-12)

1. Glücklich ist derjenige, der von Gott erzogen wird, weil sich dadurch zeigt, dass er sein Kind ist.

An den übrigen Menschen handelt Gott - gewiss immer aus Liebe heraus - doch eben anders.

2. Glücklich ist derjenige, der von Gott erzogen wird, weil Gott ihm dadurch seine Liebe zeigt.

Man könnte sich die Frage stellen: Sind nicht die Kinder die Glücklichen, denen die Eltern alles erlauben? Wie oft haben wir als Kinder auf jene neidisch geschaut, die so lange aufbleiben oder fortbleiben durften, wie sie wollten, weil es ihren Eltern gleichgültig war? Doch ist das wirklich so schön? Gewiss, zunächst einmal ist es cool, wenn man darf, was andere nicht dürfen. Doch insgeheim sehnt sich jedes Kind danach, dass seine Eltern es lieben und sich für es interessieren, auch wenn das bedeutet, dass ihm Grenzen gesetzt werden und es bei Übertretung derselben schon einmal eine Standpauke gibt. Wie glücklich sind Kinder, die Eltern haben, die sie lieben und gerade deshalb erziehen.

Einige Verse weiter begegnet uns eine dritte Antwort auf die Frage, worin das Glück besteht, von Gott erzogen zu werden:
„Gott aber ´weiß wirklich`, was zu unserem Besten dient; er erzieht uns so, dass wir an seiner Heiligkeit Anteil bekommen. Mit strenger Hand erzogen zu werden tut weh und scheint zunächst alles andere als ein Grund zur Freude zu sein. Später jedoch trägt eine solche Erziehung bei denen, die sich erziehen lassen, reiche Früchte: Ihr Leben wird von Frieden und Gerechtigkeit erfüllt sein.“
(Hebräer 12,10b-11 NGÜ)
„Das Leben kennt kein höheres Glück, als sich von Gott geliebt zu wissen.“ (Johannes Calvin)

3. Glücklich ist der, der von Gott erzogen wird, weil Gott ihn auf diese Weise umgestaltet in sein Wesen.

Wenn Gott uns erzieht, geschieht das immer zu unserem Besten, auch wenn uns dies manches Mal anders erscheinen mag. Gott gestaltet uns durch sein pädagogisches Handeln um in sein einzigartiges Wesen und gibt uns Anteil an seiner Heiligkeit. Die Früchte der göttlichen Erziehung sind reichhaltig und mannigfach. Zu ihnen gehören beispielsweise Frieden und Gerechtigkeit.

Wenn ein wundervoller Gott, der uns liebt und nur Gutes mit uns im Sinn hat, uns erzieht, um uns in sein Wesen umzugestalten, dann ist dies gewiss Glück und Grund zu großer Freude. Er tut dies alles, damit wir in seine Neue Welt hineinpassen und an seinen göttlichen Wohltaten Anteil bekommen. Deshalb ist es wichtig, dass wir sein erzieherisches Handeln an uns zulassen.
Wenn das kein Grund ist, Gott zu loben, zu preisen und ihm zu danken!

„Lauter gute Gaben, nur vollkommene Gaben kommen von oben, von dem Schöpfer der Gestirne. Bei ihm gibt es kein Zu- und Abnehmen des Lichtes und keine Verfinsterung." (Jakobus 1,17 GNB)

Kapitel 16 Welch Glück ist's, erlöst zu sein

1) Welch Glück ist's, erlöst zu sein, Herr, durch dein Blut!
Ich tauche mich tief hinein in diese Flut.
Von Sünd' und Unreinigkeit bin ich hier frei
und jauchze voll selger Freud: "Jesus ist treu!"

Refr.: 1.-4. O preist seiner Liebe Macht!
Preist seiner Liebe Macht,
preist seiner Liebe Macht, die uns erlöst!

2) Welch Glück ist's, erlöst zu sein, Herr, durch dein Blut!
Ich leide nicht länger Pein, habe nun Mut:
Mir ging ja ein neues Licht gnadenvoll auf,
drum zweifle ich ferner nicht in meinem Lauf.

3) Welch Glück ist's, erlöst zu sein, Herr, durch dein Blut!
Das heilt die Gebrechen fein, macht alles gut.
Hier wandelt der Sorgen Heer schnell sich in Lust.
Man weinet und klagt nicht mehr an Jesu Brust.

4) O Jesu, Gekreuzigter, dir jauchz ich zu!
Mein Heiland, mein Gott und Herr, in dir ist Ruh.
Mit dir überwind ich weit des Todes Macht.
O Wort voller Seligkeit: Es ist vollbracht![28]

Kapitel 17 Das Glück, das Gott einem die Sünden nicht anrechnet

Glücklich ist der, dessen Ungehorsam vergeben und dessen Schuld zugedeckt ist. Glücklich ist der, dem der Herr die Sünden nicht mehr anrechnet. (Römer 4,7-8 NLB)

Glücklich ist der, dessen Sünde vergeben ist und dessen Schuld zugedeckt ist. Glücklich ist der, dem der HERR die Sünden nicht anrechnet und der ein vorbildliches Leben führt! (Psalm 32,1-2 NLB)

Stellen Sie sich einmal vor: Zwei Menschen, die sich nahestehen und lieben, zerstreiten sich wegen einer Meinungsverschiedenheit so heftig, dass sie nicht mehr miteinander reden. Inzwischen sind Jahre vergangen. Durch irgendeinen Anlass gehen beide urplötzlich aufeinander zu, reichen sich die Hand, vergeben einander ihre Schuld und schließen sich wieder in die Arme. Wie groß ist die Freude. Welch ein großes Glück ist dies.

Wie unermesslich viel größer ist das Glück , wenn Gott auf Menschen zugeht, die von ihm nichts wissen wollen, die sich weigern, seine Gebote zu befolgen und ihm gegenüber feindlich gesonnen sind. Wie unbegreiflich ist es, wenn er ihnen alle ihre Verfehlungen vergibt und sie wieder in seine Arme schließt (vgl. Lukas 15,20). Wie groß muss Gottes Liebe zu seinen Menschenkindern sein, dass so etwas tut!

Sein einziger und geliebter Sohn Jesus verließ die innige Gemeinschaft mit seinem Vater und stieg herab in diese finstere und verseuchte Welt. Er erzählte den Menschen von Gottes Plan, sie zu retten. Er heilte unzählige Kranke und befreite so manch einen, der an zerstörerische Mächte gebunden war. Am Ende seines Wirkens ließ er sich gefangen nehmen, foltern und ermorden, um durch sein gewaltsames Sterben am Kreuz und seine Auferstehung die Menschen mit Gott zu versöhnen (Johannes 10,18[29]).

„Christus starb ja für uns zu einer Zeit, als wir noch ohnmächtig ´der Sünde ausgeliefert` waren; er starb für Menschen, die Gott den Rücken gekehrt hatten. Nun ist es ja schon unwahrscheinlich genug, dass jemand sein Leben für einen unschuldigen Menschen opfert; eher noch würde man es vielleicht für einen besonders edlen Menschen tun. Gott hingegen beweist uns seine Liebe dadurch, dass Christus für uns starb, als wir noch Sünder waren. (...) Wir sind ja mit Gott durch den Tod seines Sohnes versöhnt worden, als wir noch seine Feinde waren.“ (Römer 5,6-8.10 NGÜ)

Was für ein großes Glück ist es, dass Gott uns unsere Sünde(n) vergibt, uns mit sich selbst versöhnt und uns ein neues göttliches Leben schenkt! Das erkennen wir dann besonders deutlich, wenn wir uns vergegenwärtigen, wie hoffnungslos unsere Lage aussah, bevor Gott uns fand und rettete.

Der Apostel Paulus beschreibt dieses Leben ohne Gott in einigen seiner Briefe. Er stellt es dem neuen Leben gegenüber, das ein Mensch bekommt, wenn er seinen verkehrten Weg verlässt, den Pfad Christi betritt und ihm als seinem Retter und Herrn sein gesamtes Leben vertrauensvoll unterstellt.

Paulus ruft seine Leser und damit auch uns auf: Erinnert euch daran, woher ihr kamt, was das für ein Leben war, das ihr lebtet, bevor Gott euch begegnete und euch herauszog aus dem Sumpf, in dem ihr euch befandet:

- Damals richtetet ihr euch nach den Maßstäben dieser Welt.
- Ihr verweigertet Gott den Gehorsam und folgtet stattdessen seinem Feind, dem Satan.
- Ihr ließt euch von den Begierden eurer alten Natur beherrschen, von Bosheit, Neid und Hass.
- Ihr tatet, wozu euch eure selbstsüchtigen Gedanken drängten.
- Ihr ward in geistlicher Hinsicht tot aufgrund eurer Verfehlungen.
- Ihr gehörtet in den Herrschaftsbereich der Finsternis.
- Ihr lebtet fern von Gott.
- Ihr ward ihm gegenüber feindlich gesonnen und tatet viele böse Dinge.
- Euer Denken war erfüllt von sexueller Unmoral, Schamlosigkeit, ungezügelter Leidenschaft, bösem Verlangen und Habgier.
- Ihr ward ohne Einsicht und Verständnis und gingt in die Irre.[30]

So sah die hoffnungslose und ausweglose Lage aus, aus der Gott uns befreit hat.

„Doch Gottes Erbarmen ist unbegreiflich groß! Wir waren aufgrund unserer Verfehlungen tot, aber er hat uns so sehr geliebt, dass er uns zusammen mit Christus lebendig gemacht hat. Ja, es ist nichts als Gnade, dass ihr gerettet seid! Zusammen mit Jesus Christus hat er uns vom Tod auferweckt, und zusammen mit ihm hat er uns schon jetzt

einen Platz in der himmlischen Welt gegeben, weil wir mit Jesus Christus verbunden sind. Bis in alle Ewigkeit will er damit zeigen, wie überwältigend groß seine Gnade ist, seine Güte, die er uns durch Jesus Christus erwiesen hat."
(Epheser 2,4-7 NGÜ)

Völlig unverdient und ohne Grund (auf unserer Seite) hat Gott uns alle unsere Sünden vergeben, uns mit sich versöhnt und als seine Kinder adoptiert. Das war allein Gottes Werk. Unser Beitrag war lediglich die Sünde, die dieses Werk der Rettung nötig machte, so der amerikanische Pastor und Theologe Jonathan Edwards.

Glücklich ist der, dessen Sünde vergeben ist und dessen Schuld zugedeckt ist. Glücklich ist der, dem der HERR die Sünden nicht anrechnet und der ein vorbildliches Leben führt!

Wer so reich von Gott beschenkt worden ist, wem ein solch großartiges Glück zuteilgeworden ist, der wird von Herzen gern, voller Freude und Dankbarkeit, Gottes Gebote befolgen und so leben, dass es ihn erfreut und er ihm Ehre bereitet. Er wird ein vorbildliches Leben führen.

Kapitel 18 Wie tief muss Gottes Liebe sein

1. Wie tief muss Gottes Liebe sein!
Er liebt uns ohne Maßen,
hat seinen Sohn an unsrer statt
für alles büßen lassen.
Als alle Sünde auf ihm lag,
der Vater sein Gesicht verbarg,
als er, der Auserwählte starb,
gab er uns neues Leben.

2. Ich schaue auf den Mann am Kreuz,
kann meine Schuld dort sehen.
Und voll Beschämung sehe ich
mich bei den Spöttern stehen.
Für meine Sünden hing er dort
sie brachten ihm ums Leben.
Sein Sterben hat sie ausgelöscht.
Ich weiß, mir ist vergeben.

3. Ich werde keiner Macht der Welt
und keiner Weisheit trauen.
Auf Jesu Tod und Auferstehn
will ich mein Leben bauen.
Ich hab das alles nicht verdient,
ich leb' durch seine Gnade.
Sein Blut bezahlte meine Schuld,
damit ich Leben habe.[31]

Kapitel 19 Das Glück, ein reines Herz zu haben

Glücklich zu preisen sind die, die ein reines Herz haben; denn sie werden Gott sehen. (Matthäus 5,8 NGÜ)

Der Herr Jesus nennt jene Menschen glücklich, die ein reines Herz haben. Was zeichnet diese Leute aus? Was bedeutet es, ein "reines Herz" zu besitzen?

Mit dem Ausdruck "Herz" bezeichnet der Sohn Gottes das Zentrum der menschlichen Persönlichkeit, welches unseren Willen, unseren Verstand und unsere Gefühle umfasst. Das Herz des Menschen ist die Quelle, aus der alles andere hervorströmt, das Gute wie das Böse. So hatte es einst Jesus die Seinen gelehrt:
"*... von innen, aus dem Herzen des Menschen, kommen Gedanken, die böse sind – Unzucht, Diebstahl, Mord, Ehebruch, Habgier, Bosheit, Hinterlist, Zügellosigkeit, Missgunst, Verleumdung, Überheblichkeit und Unvernunft. All dieses Böse kommt von innen heraus und macht den Menschen ´in Gottes Augen` unrein.*" (Markus 7,21-23 NGÜ).
All unsere Schwierigkeiten und Probleme haben ihren Ursprung in unserem menschlichen Herzen. Der Prophet Jeremia beschreibt es wie folgt:
"*Verschlagener als alles andere ist das Herz, und unheilbar (oder: bösartig) ist es, wer kann das verstehen?*" (Jeremia 17,9 NZB)
Nachdem die ersten Menschen Gottes gutes Gebot übertreten hatten, war von da an "*alles Sinnen und*

Trachten ihres Herzens allezeit nur böse" (nach 1. Mose 6,5 NZB).

Das Herz des Menschen ist seit dem Sündenfall böse oder unrein. Was zeichnet aber ein "reines Herz" aus?
Ein solches ist lauter und einfältig, transparent, aufrichtig und geradlinig. Eine der treffendsten Beschreibungen eines "reinen Herzens" finden wir in Psalm 86,11. Dort heißt es: "*Richte mein Herz auf eines aus: deinem Namen in Ehrfurcht zu begegnen.*" (NGÜ) "*...dich zu ehren und dir zu gehorchen*" (GNB).
Jemand, der ein "reines Herz" besitzt, strebt mit all seiner Kraft danach, Gott mit einem <u>ungeteilten Herzen</u> zu dienen und ihn zu ehren.
Ein "reines Herz" zu haben, bedeutet, ein "<u>gereinigtes Herz</u>" zu haben, ein Herz, das keinerlei Flecken aufweist. Da Gott ein reiner und heiliger Gott ist, hat Unreines keinerlei Chance, jemals in die Neue Welt Gottes, in das himmlische Jerusalem (Offenbarung 21,27) hineinzukommen. Einlass findet nur, wer sich von allem Schmutz gereinigt hat (Offenbarung 22,14).
„*Wer darf auf den Berg des HERRN steigen? Und wer darf an seiner heiligen Stätte stehen? Wer unschuldige Hände hat und ein reines Herz.*" (Psalm 24,3-4 SCH2000)

Der Apostel Petrus beschreibt den Herrn Jesus selbst als ein Opferlamm, an dem "*nicht der geringste Fehler oder Makel war*" (1. Petrus 1,19 NGÜ), das perfekt und absolut rein war.
Jemand hat dann ein "reines Herz", wenn er so ist wie sein Herr Jesus. Dies bedeutet praktisch, sich an das erste Gebot zu halten und Gott zu lieben "*von ganzem Herzen, mit ganzer Hingabe*" und mit seinem "*ganzen Verstand*" (Matthäus 22,37 NGÜ). Es bedeutet, so zu leben, dass man Gott ehrt. Das sollte die größte Sehnsucht eines

Christen sein, Gott zu lieben, ihm zu dienen und sich ewig an ihm zu erfreuen. Und ihm immer ähnlicher zu werden (Hebräer 12,14).

Wie bekommt ein Mensch ein reines Herz?
Zunächst einmal ist es vonnöten, dass er sich dessen bewusst wird, wie finster, schmutzig und sündig sein eignes Herz von Natur aus ist. Ist dies der Fall, dann wird er freudig in die Bitte König Davids einstimmen:
„Schaffe mir, Gott, ein reines Herz, und gib mir einen neuen, beständigen Geist.“ (Psalm 51,12 NZB).
Wer Gott seine Sünden bekennt, der erfährt, dass dieser ihm vergibt und sein Innerstes von aller Ungerechtigkeit reinigt (vgl. 1. Johannes 1,9).
Ein reines Herz kann niemand sich „erarbeiten“, selbst dann nicht, wenn er all seine Kräfte aufbietet. Ein solches kann ihm nur geschenkt werden.
Das bedeutet aber nicht, dass der Mensch dabei rein passiv ist. Aus diesem Grunde fordert der Herrenbruder Jakobus seine Leser dazu auf:
„Wascht ´die Schuld` von euren Händen, ihr Sünder! Reinigt eure Herzen, ihr Unentschlossenen!“ (Jakobus 4,8 NGÜ). Die Reinigung liegt in unserer Verantwortung, wenngleich unser Tun niemals auch nur annähernd ausreichend sein wird. Nur mit Hilfe des Heiligen Geistes wird dies möglich sein (Römer 8,13).

Worin besteht das Glück eines Menschen, der ein „reines Herz“ besitzt?
„Er wird Gott sehen“, lautet die schlichte Antwort des Herrn Jesus. Was ist damit gemeint?
In einem gewissen Sinne schauen diejenigen, die an Jesus Christus glauben, Gott schon hier und jetzt. Sie sind in der Lage, ihn zu sehen, wie kein Nicht-Christ dies jemals wird können. Sie beobachten die Natur oder betrachten

die Weltgeschichte und erkennen, wie ihr Schöpfer hier verborgen am Werk ist. Sie bringen Ereignisse in ihrem Leben mit Gott in Verbindung, wo ein Ungläubiger rein gar nichts erkennt. Christen schauen mit den Augen des Glaubens. Das unterscheidet sie von allen anderen. Außerdem "sehen" sie Gott derart, dass sie gewiss sind, dass er ihnen nahe ist. So ging beispielsweise Mose entschlossen "*seinen Weg, weil er auf den sah, der unsichtbar ist.*" (Hebräer 11,27 NGÜ). Das war der Grund für seinen Glauben.
Ein anderer Weg, Gott zu "sehen", besteht darin, zu erfahren, wie er sich einem gnädig zuwendet und einem hilft. In diesem Sinne ist es für Menschen mit "reinem Herzen" schon hier und jetzt möglich, Gott zu schauen.

Dieses gegenwärtige "Schauen" Gottes durch seine Kinder ist aber nicht alles, was der Schöpfer für sie bereithält. Verglichen mit dem, was sie zukünftig erwartet, ergibt diese „Schau" Gottes nur "*ein unklares Bild wie in einem trüben Spiegel*" (1. Korinther 13,12 GNB). Wenn unser Herr Jesus einmal wiederkommen wird in Herrlichkeit, dann werden sie Gott sehen "*von Angesicht zu Angesicht*" (1. Korinther 13,12 SCH2000).

Es gibt für einen wahren Christen nichts Größeres, Bedeutsameres und Herrlicheres, als den Gott, den er von Herzen liebt, anzuschauen und sich ewig an ihm zu erfreuen.
Ist das das größte Ziel deines Lebens, dein größter Wunsch und dein größtes Bestreben? Jemand, der diese Hoffnung hat, wird mit ganzer Kraft danach streben, sich "von jeder Sünde" fernzuhalten, "*um so rein zu sein wie er*" (1. Johannes 3,3 NGÜ).

Gott schauen zu dürfen, das ist gewiss die wundervollste Zusage, die je einem Menschen gegeben wurde. Was wird es für ein Glück sein, wenn ein Kind Gottes, frei von all seinen Lasten und seinem Leid, von all seinen Problemen und Schwierigkeiten, vor Gott stehen wird und ihm ins Angesicht blicken darf.

Das wird allein Herrlichkeit sein, wenn frei von Weh ich sein Angesicht seh! (Hedwig von Redern)

Kapitel 20 Das Glück, die Kleider des Heils von allem Schmutz zu reinigen

Glücklich, wer seine Kleider wäscht und sie von allem Schmutz reinigt! Er hat das Recht, vom Baum des Lebens zu essen; die Tore der Stadt werden ihm offen stehen.
(Offenbarung 22,14 NGÜ)

Zum Ende der Bibel spricht der Herr Jesus, der sich hier vorstellt als *„das A und das O, der Erste und der Letzte, der Anfang und das Ende"* (Vers 13) davon, dass diejenigen, die zum ihm gehören, die Kleider des Heils, mit denen er sie beschenkt hat, waschen und von allem Schmutz reinigen sollen.
Kleidung wird schnell schmutzig. Kennen wir das nicht alle? Für einen kurzen Moment nicht aufgepasst und schon sind wir irgendwo gegengekommen und das saubere Kleid oder der frisch gereinigte Anzug ist dreckig. Oder man sitzt während eines Festes an einer langen Tafel und ehe man sich versieht fällt einem das Stück Kuchen oder der Rinderbraten mit Sauce von der Gabel und punktgenau auf das weiße Oberhemd oder die geblümte Bluse. Ebenso schnell ecken die Jünger Jesu in dieser gottfernen und gottlosen Welt immer wieder hier und dort an und ziehen sich hässliche Schmutzflecken zu. Anders gesagt: Sie lassen sich von den attraktiven Angeboten dieser Welt blenden, gehen ihnen auf den Leim und handeln gegen Gottes Gebote in der Überzeugung, dies sei besser für sie.

Was macht derjenige, der seine Kleidung beschmutzt
hat? Er wäscht sie. Er reinigt sie von allem Schmutz.
*„Macht es ebenso mit euren Kleidern des Heils, die ich
euch geschenkt habe"*, sagt Jesus hier den Seinen (vgl.
Jeremia 4,14). Wie stellen wir dies an? In die
Waschmaschine kann man solche Kleidung nicht stecken.
Kein Fleckenwasser dieser Welt ist imstande, die
Sündenflecken zu entfernen.

Wie kann dann das Kleid des Heils wieder porentief
sauber werden? Beim Evangelisten Johannes finden wir
die Antwort auf unsere Frage. Sie steht in seinem ersten
Brief: „*... wenn wir unsere Sünden bekennen, erweist Gott
sich als treu und gerecht: Er vergibt uns unsere Sünden
und reinigt uns von allem Unrecht, ´das wir begangen
haben`.*" (1. Johannes 1,9 NGÜ)

Unsere geistlichen Kleider werden wieder rein vom
Schmutz der Sünde(n), wenn wir diese erkennen,
bekennen und Gott dafür um Vergebung bitten. Gott liebt
es, uns zu vergeben, weil dadurch die Trennwand
zwischen uns und ihm wieder beseitigt wird. Denn *„wie
eine Mauer steht eure Schuld zwischen euch und eurem
Gott; wegen eurer Vergehen hat er sich von euch
abgewandt und hört euch nicht!*" (Jesaja 59,2 GNB)

Die Grundlage für diese Vergebung hat der Herr Jesus
geschaffen, als er *„unsere Sünden an seinem eigenen Leib
ans Kreuz hinaufgetragen hat, sodass wir jetzt den
Sünden gegenüber gestorben sind und für das leben
können, was vor Gott richtig ist.*" (1. Petrus 2,24 NGÜ).
Unsere Schuld und all unsere Vergehen hat Jesus mit an
das Kreuz genommen, an dem er starb. Die Strafe für
unsere Sünden - unseren Tod - hat er auf sich
genommen. Er starb, damit alle, die an ihn glauben und
auf seinem Weg wandeln, nicht verlorengehen, sondern
das ewige Leben bekommen, ein Leben in Gemeinschaft

mit Gott, dem wundervollsten Wesen des gesamten Universums.

Worin besteht das Glück derjenigen, die ihr Kleid des Heils waschen und von allen Verschmutzungen reinigen? Weshalb ist es ein Glück für einen Menschen, seine Verfehlungen gegen Gott zu erkennen, sie zu bereuen, sie ihm zu bekennen und dafür um Vergebung zu bitten? Weil Gott all jenen verspricht, dass sie vom Baum des Lebens essen werden und freien Zutritt zum neuen Jerusalem haben. So lesen wir es bei Johannes. Beides sind Bilder für den Himmel, für die Neue Welt Gottes. Dort wird es herrlich sein. Niemand wird mehr weinen oder vor Angst schreien. Leid, Schmerz und Tod sind dann für immer beseitigt.
All das, was früher einmal war, ist vergangen (siehe Offenbarung 21,4 NGÜ). Das ist überwältigend. Das verschlägt einem fast den Atem. Doch das ist nicht das Größte und Schönste, was der Himmel zu bieten hat. Johannes beschreibt etwas noch viel Schöneres und Beglückenderes:
„Seht, die Wohnung Gottes ist jetzt bei den Menschen! Gott wird in ihrer Mitte wohnen; sie werden sein Volk sein – ein Volk aus vielen Völkern, und er selbst, ihr Gott, wird ´immer` bei ihnen sein." (Offenbarung 21,3 NGÜ)
Der dreieinige Gott selbst ist das größte Geschenk, der kostbarste Schatz für einen Christen. Bei Gott sein zu dürfen, mit ihm in ungetrübter und innigster Gemeinschaft zu leben und sich ewig an ihm zu erfreuen, das ist wahres und bleibendes Glück.

Kapitel 21 Das Glück, Gott nahe zu sein

Gott nahe zu sein ist mein Glück. (Psalm 73,28 EÜ)

Für mich aber ist Gottes Nähe beglückend! (Psalm 73,28 NGÜ)

Inwiefern ist es mein Glück, Gott nahe zu sein? Ist damit gemeint, dass ich Glück im Leben habe, wenn ich mich zu Gott halte? Dass Gott mir dann Wohlstand verleiht oder ein erfolgreiches Leben. Dass er mir Gelingen schenkt bei all dem, was ich mir vorgenommen habe. Eine glückliche Partnerschaft und Kinder, die erfolgreich ihr Leben meistern. Dass er mir all dies schenkt, wenn ich nur an ihn glaube, zu ihm bete, den Gottesdienst besuche, eine große Summe spende oder Menschen hilfreich zur Seite stehe? Manche Christen denken genauso so. Dieses so genannte „Wohlstandsevangelium" ist ein „anderes Evangelium" (Galater 1,6-9), ein falsches Evangelium und damit letztlich gar keins.

Ist es das, was der Psalmist Asaf hier zum Ausdruck bringen will? Gewiss nicht. Das Psalmwort lautet nicht: „Wenn ich Gott nahe bin, dann habe ich Glück.", sondern: „Wenn ich Gott nahe bin, dann ist das mein Glück.". Mit dieser Aussage setzt sich der Psalmist deutlich von der traditionellen Weisheitslehre seiner Zeit ab, nach der die Rechtschaffenen und Gottesfürchtigen im Leben Glück haben, während die Gottlosen und Skrupellosen das Unglück ereilt.

Asaf selbst hatte in seinem Leben nicht viel Glück, jedenfalls nicht im landläufigen Sinn. Er lebte zwar nach Gottes Geboten und suchte stets Gottes Nähe, dennoch hatte er kein leichtes Leben. Er macht immer wieder die Erfahrung, wie gottlose Leute reich und einflussreich wurden und es ihnen über die Maßen gut ging (Verse 3-5.12). In seinem eigenen Leben hingegen war dies nicht so, wie er seinen Hörern mitteilt: *„Ich werde ja doch den ganzen Tag vom Unglück geplagt, jeder Morgen ist bereits eine Strafe für mich!"* (Vers 14 NGÜ). Diese Erfahrungen stellten Asafs Gottvertrauen auf eine gewaltige Belastungsprobe. Die Stimmen in seinem Inneren wurden immer lauter und lockten ihn: *"Recht haben sie, die Gottlosen! Du siehst es doch! Rede also, lebe also wie sie!"* (Vers 15). Fast wäre der Psalmist gestrauchelt. Nur wenig fehlte und seine Füße wären ausgeglitten. Er beneidete die Überheblichen, und es machte ihm zu schaffen, zu sehen wie unverschämt gut es den Gottlosen ging (Verse 2-3).

Doch Asaf blieb mit seinen Fragen, Anfechtungen und Zweifeln nicht allein. Er suchte vielmehr die Nähe Gottes. Er machte sich auf den Weg und ging in das Heiligtum, den Tempel in Jerusalem. Hier schenkte Gott ihm eine neue Sicht auf das Leben, *Seine* Sicht: *„Dort begriff ich, welches Ende auf jene Menschen wartet..."* (Vers 17 NGÜ). Als der Psalmist im Gebet auf Gott schaute und über dessen Wort nachsann, wurde ihm eine neue, bahnbrechende Erkenntnis zuteil. Aus der Überzeugung: „Gott lässt es denen gut gehen, 'die reinen Herzens' sind", wurde: „Gott zu nahen, ist gut für mich" oder mit anderen Worten: „Mein Glück ist es, Gott nahe zu sein".

Dass der Psalmist an Gott glaubt und dessen Weisungen befolgt, hat ihm bisher kein irdisches Glück und keine

Vorteile gegenüber den Gottlosen eingebracht. Im Tempel durfte er aber erfahren, dass Gott selbst sein Lebensglück ist, sein höchster Schatz und dass es überaus beglückend ist, in Gottes Nähe leben zu dürfen. Dies gilt unabhängig von den eigenen Lebensumständen, selbst dann, wenn man viel Schweres im Leben durchzumachen hat. Zu Gott zu gehören, sein Kind zu sein und von ihm geliebt zu werden, ist das Beste, was es gibt – das größte Glück und die größte Freude. Wenn alles irdische Glück zerbricht wie dünnes Glas, ja selbst, wenn das Überleben in Frage steht, gilt dennoch felsenfest: Gott nahe zu sein, ist mein Glück. Dieses Glück ist unzerbrechlich und überdauert sogar den Tod.

In seinem Sohn ist Gott uns Menschen in einzigartiger Weise nahegekommen. Der Herr Jesus hat die innige Gemeinschaft mit seinem Vater im Himmel verlassen und ist herabgestiegen in diese finstere Welt, weil er uns unvergleichlich stark liebt. Er hat durch seinen gewaltsamen Tod am Kreuz alles fortgenommen, was uns von Gott trennt (Jesaja 59,2). Er hat die gerechte Strafe für unsere Sünden auf sich genommen, den Tod, die ewige Trennung von Gott (Jesaja 53,5[32]). Auf diese Weise hat unser Herr es den Menschen wieder ermöglicht, Gott nahezukommen.

Gottes Nähe ist nichts, was wir uns erarbeiten müssten oder was wie ein blindes Schicksal den einen zuteilwird und den anderen nicht. Das Glück von Gottes Gegenwart ist keines, das sich jeder selbst schmieden muss. Das man sich mit guten Taten verdienen könnte. Dem man sich durch Meditation oder andere Glücksrezepte erst mühsam annähern müsste.

Nein, dieses Glück kann einem nur (von Gott) geschenkt werden. Er bietet es jedem Menschen an. In seiner allgemeinen Gnade hat Gott alle eingeladen. Doch wie erhält man dieses Glück? Indem man seinen bisherigen verkehrten Weg verlässt, den Weg Jesu betritt und sein Vertrauen auf ihn setzt als seinen Retter und Herrn. Indem man Jesus liebt und seine Gebote befolgt. Dann werden Gott, der Vater und Jesus, der Sohn, ihm unvergleichlich nahekommen und bei ihm wohnen (1. Korinther 3,16[33]).

Kann es ein größeres Glück im Leben eines Menschen geben, als sich in der Nähe des wundervollsten Wesens des gesamten Universums, in der Gegenwart des lebendigen Gottes, aufhalten zu dürfen? Gott tat noch mehr. Er ließ seine Kinder nicht allein bei sich wohnen, er selbst zog bei ihnen ein. Er bezog Wohnung in ihrem Inneren in der Person des Heiligen Geistes.

"Wen habe ich im Himmel außer dir? Und auch auf der Erde habe ich nach nichts Verlangen, wenn ich nur dich bei mir weiß! Wenn auch meine Kräfte schwinden und mein Körper mehr und mehr verfällt, so gibt doch Gott meiner Seele Halt. Er ist alles, was ich brauche – und das für immer!" (Psalm 73,25-26 NGÜ)

Dieses Glück ist anders, als viele es sich vorstellen. Es umfasst auch Leid und Ungerechtigkeit. Diese werden nicht relativiert, sie werden anders wahrgenommen. Die Beziehung zu Gott bedeutet letzten Endes, dass er mich liebt. Diese Liebe, dieses Glück ist ein Geschenk, das uns völlig unverdient zuteilwird, aus Gnade.
Ich kann es mir wünschen, ich kann es mir erhoffen, aber ich kann es nicht einfordern. Ein Recht darauf gibt es

nicht. Ich kann nur dankbar sein, wenn es mir geschenkt
wird.

Wenn ich darüber nachsinne, so der amerikanische
Theologe John Piper, wo dauerhaftes Glück zu finden ist,
drängt es mich, einen Bezug zu Gott herzustellen. Nichts
scheint mir vernünftiger zu sein als die Annahme, dass
dauerhaftes Glück niemals gefunden werden kann von
einem Menschen, der seinen Schöpfer ignoriert oder
ablehnt. Ich bin immer wieder überrascht, denn viele
Leute behaupten zwar, an Gott zu glauben, aber leben so,
als ob das Glück gefunden werden kann, indem sie ihm
zwei Prozent ihrer Aufmerksamkeit widmen.[34]

**„Das höchste Gut des Menschen ist nichts anderes als
die Verbindung mit Gott."** (Johannes Calvin)

**„Je näher wir ihm kommen, desto glücklicher sind wir.
Unser größter Wunsch ist, für immer bei ihm und in ihm
zu sein..."** (Charles Spurgeon)

Kapitel 22 Das Glück, in Gottes Haus wohnen zu dürfen

Glücklich zu nennen sind alle, die in deinem Haus wohnen dürfen, sie werden dich für immer preisen. Glücklich zu nennen ist, wer seine Stärke in dir gefunden hat, alle die, deren Herz erfüllt ist von dem Wunsch, zu deinem Heiligtum zu pilgern. (Psalm 84,5-6 NGÜ)

Der Psalm beginnt mit dem Staunen darüber, dass es auf dieser Welt einen Ort gibt, an dem Gott wohnt, an dem er in unvergleichlicher Weise gegenwärtig ist und den Menschen in sein Haus einlädt.[35] Die Faszination über den Tempel und die Möglichkeit, Gott begegnen, bewegt den Psalmbeter wie viele andere dazu, zur Wohnung Gottes zu pilgern, um ihn dort anzutreffen.[36]

Was ist es, das der Psalmist hier begehrt? George Rogers illustriert dies anhand des Verhaltens von Vögeln. Manche von ihnen fliegen über das Haus Gottes hinweg. Andere lassen sich gelegentlich, hin und wieder, darauf nieder. Während einige von ihnen ihre Nester am Haus Gottes bauen, Eier legen und dort ihre Jungen aufziehen. Das ist das Vorrecht, nach welchem sich der Psalmdichter sehnt.

Doch warum ist ihm dies so überaus wichtig und kostbar? Weil diejenigen, die im Haus Gottes wohnen dürfen, dort ihre geistliche Heimat haben, wo sie glücklich sind.

Wieso das? Worin besteht das Glück dieser Leute? Darin, dass sie beständig Gott nahe sind und in seiner Gegenwart leben. Das ist es, was dem Psalmisten so lieb und teuer ist. Er sehnt sich danach, allezeit in Gottes Gemeinschaft zu verweilen, sein ganzes Leben mit Gott zuzubringen. Das Vorrecht zu genießen, bei Gott, dem wundervollsten Wesens des gesamten Universums, wohnen zu dürfen, sein Kind zu sein und ihn beständig zu loben und zu preisen, das ist für den Psalmdichter im Höchstmaß beglückend und erfüllend. Der Grund für diesen Lobpreis liegt nicht etwa in dem guten Charakter der Hausbewohner, sondern einzig und allein in der unermesslichen Würdigkeit des Hausherrn. Wenn die Gläubigen erkennen, wie weise ihr Gott regiert, wie liebevoll und fürsorglich er alles lenkt und leitet, wie er sie mehr als Kinder denn als Knechte behandelt, dann können sie nicht anders, als ihn jubelnd zu lobpreisen. Und weil sie in Gottes Haus wohnen, haben sie all dies beständig vor Augen.
In Gottes Nähe findet der Gläubige des Weiteren Kraft und Stärke für den Alltag, ebenso wie Versöhnung.[37]

Im Jahre 70 nach Christus wurde Gottes Haus, der Tempel in Jerusalem, durch die Römer zerstört. Gibt es seitdem keine Möglichkeit mehr, sich ihm zu nahen und ihm zu begegnen? Gibt es für Christen, für Gläubige des Neuen Bundes, ebenfalls einen Tempel? Und wenn ja, wo befindet sich dieser?

Unser Tempel ist eine Person, nämlich unser Herr und Retter **Jesus Christus**. Er selbst sagte einmal zu den führenden Männern seines Volkes, nachdem er den Tempel „gereinigt" hatte: „'Reißt diesen Tempel ab, und ich werde ihn in drei Tagen wieder aufbauen.' – ‚Wie?', entgegneten sie. ‚Sechsundvierzig Jahre lang wurde an

*diesem Tempel gebaut, und du willst ihn in drei Tagen
wieder aufbauen?' Doch Jesus hatte mit dem Tempel
seinen eigenen Körper gemeint.*" (Johannes 2,19-21 NGÜ)

Jesus selbst ist der neue Tempel Gottes, der Ort, an dem
Menschen Gott begegnen und in seiner Nähe wohnen
können. Er ist der einzige Weg zu Gott, dem himmlischen
Vater (Johannes 14,6). Wer an ihn glaubt, dass er sein
Retter ist und ihm als seinem Herrn sein gesamtes Leben
vertrauensvoll unterstellt, den adoptiert Gott als sein
Kind; und als ein solches darf er für immer bei Gott sein.

Im Neuen Bund ist ebenfalls die **Gemeinde Jesu Christi**
der Tempel Gottes (1. Korinther 3,16-17). Gott wohnt
nicht mehr in einem Gebäude, das aus Steinen erbaut ist,
er wohnt vielmehr inmitten seiner Gemeinde. In dieser
ist er gegenwärtig. Dort können Menschen sein Reden
vernehmen, einüben, seine Gebote zu befolgen, und ihn
anbeten. (Matthäus 18,20)

Andere Stellen im Neuen Testament sprechen davon,
dass **jeder Christ** ein Tempel Gottes ist. Gott nimmt in
seinen Kindern Wohnung in der Person des Heiligen
Geistes. Der Gläubige wird so selbst zum Haus Gottes (1.
Korinther 6,19-20). Auf diese Weise stellt Gott sicher,
dass er allezeit bei den Seinen ist und sie befähigt, das zu
tun, wozu sie selbst nicht in der Lage sind.

*„Und der Vater wird euch ´an meiner Stelle` einen
anderen Helfer geben, der <u>für immer</u> bei euch sein wird;
ich werde ihn darum bitten. Er wird euch den Geist der
Wahrheit geben, den die Welt nicht bekommen kann, weil
sie ihn nicht sieht und nicht kennt. Aber ihr kennt ihn,
denn er bleibt bei euch und wird in euch sein.*" (Johannes
14,16-17 NGÜ)

Gibt es etwas Schöneres, Herrlicheres und Beglückenderes als das, was Gott für seine Kinder getan hat? Wer das erkannt hat, kann nur staunen und seinen großartigen Gott allezeit loben, preisen und anbeten.

„Das Haus Gottes zu besuchen ist schon erquickend; aber die heilige Gebetsstätte zur Heimat haben, das muss der Himmel auf Erden sein. Gottes Hausgenossen zu sein, die Gastfreundschaft des Himmels auf Erden zu genießen, ausgesondert zu sein zum heiligen Dienst, abgeschirmt vor dem Lärm der Welt und in stetem vertrauten Umgang mit den heiligen Dingen – wahrlich, das ist das schönste Los, das einem Menschen hienieden zufallen kann. (...) Wer Gott so nah ist, dessen Leben muss Anbetung sein. Wie könnten Herz und Mund von derart begnadigten Leuten je aufhören, Gott zu preisen!" (Charles Spurgeon)[38]

Kapitel 23 Das Glück, seine Lust an Gott zu haben

Habe deine Lust am HERRN; der wird dir geben, was dein Herz wünscht. (Psalm 37,4 LUT84)

Suche dein Glück beim HERRN: Er wird dir jeden Wunsch erfüllen. (Psalm 37,4 GNB)

Zwischen dem Menschen und Gott ist auf der vertikalen Achse des Lebens das Streben nach Glück nicht nur erträglich, sondern ein Muss: „Habe deine Lust am HERRN", so John Piper. Des Menschen Hauptziel ist es, Gott zu verherrlichen, indem er sich für immer an Ihm freut.[39]

Mit diesem großartigen Wort des Zuspruchs aus Psalm 37 führt König David uns eine Stufe höher. Zuerst ermahnt er uns, uns nicht aufzuregen über Menschen, die Böses tun und sie nicht zu beneiden. Dann fordert er uns auf, unser Vertrauen auf Gott zu setzen und Gutes zu tun. Am Ende ruft er uns dazu auf, uns an Gott mit großer Freude zu erfreuen und unsere Lust und unser Vergnügen an ihm zu haben. Das ist für dich vielleicht ein ungewohnter, ja irritierender Gedanke. Im Laufe der Jahrhunderte hat sich unter den Christen die Überzeugung durchgesetzt, dass es angemessener sei, zu Gott ausschließlich eine ehrfurchtsvolle und distanzierte Beziehung zu pflegen, die von einer heiligen Scheu gekennzeichnet ist.

Wie anders spricht die Heilige Schrift von der Beziehung zu Gott. Der große König David ruft uns dazu auf, unsere Lust an Gott zu haben. Ähnliche Aussagen finden wir auch an anderen Orten in **Gottes Wort**.[40] In der Bibel wird unsere Beziehung zu Gott mit Worten wie Lust, Wonne, Freude, Verlangen, Durst, Begierde und Hunger näher charakterisiert. Unsere Gemeinschaft zu Gott soll intensiv sein, „von großer Freude, Hingabe und Verlangen, also auch von gefühlsmäßigen Erfahrungen und Beglückungen geprägt".[41]

Wenn man sich einmal vergegenwärtigt, wer und wie Gott ist, ist dies nicht verwunderlich. „Gott hat alle Voraussetzungen, um bei uns Lust zu erzeugen: Er ist eine Person, kein Prinzip. Er ist ein Gott mit einem einzigartigen Charakter: Er ist durch und durch gütig, gnädig, geduldig, langmütig, sanft, stark, voller Erbarmen und Zuwendung. Er ist ein Helfer, der kreativ ist und eine intime Gemeinschaft mit uns sucht, die er in großer Treue hält." „Wer ... ihn wirklich kennt, muß sich in ihn verlieben."[42]

„Des Menschen Hauptziel ist es, Gott zu verherrlichen, indem er sich für immer an Ihm freut."[43]

Während die Menschen, die ohne Gott leben, Dinge von vergänglichem Wert wie Alkohol, Sex, Geld, Macht und Ansehen begehren und sich daran erfreuen, haben Gottes Kinder große Freude daran, Gemeinschaft mit Gott zu pflegen. Sie genießen es, Zeit in seiner Gegenwart zu verbringen. Es bereitet ihnen Vergnügen, ihm zuzuhören und ihn immer besser kennen zu lernen. Was für die Gottlosen eine lästige Pflicht ist, ist für wahrhaft Gläubige ihre allergrößte Freude und Lust: in Gottes heiligem Wort – der Bibel – zu lesen, sich mit ihm zu unterhalten im Gebet, regelmäßig einen Gottesdienst zu besuchen und Gemeinschaft mit anderen Christen zu pflegen. Kannst du dich noch daran erinnern, wie es war, als du das erste Mal verliebt warst? War es für dich eine lästige Pflicht, Zeit mit deiner Geliebten zu verbringen? Wohl kaum. Zu diesem Zeitpunkt hattest du gewiss keinerlei Schwierigkeiten mit der Orientierung deines Herzens. Du warst festgelegt auf eine einzige Frau, deine "Angebetete" und du gingst an allen anderen Personen des weiblichen Geschlechts völlig unansprechbar vorüber.[44]

Der Grund, warum das die wahre Pflicht der Anbetung ist, liegt darin, dass Gott dadurch geehrt wird, während das leere Abspulen eines Rituals das Gegenteil bewirkt. Wenn ich an unserem Hochzeitstag mit meiner Frau abends ausgehe und sie mich fragt: „Warum tust du das?", dann ehre ich sie am meisten mit der Antwort: „Weil mich heute Abend nichts glücklicher macht, als mit dir zusammen zu sein."
Wenn ich hingegen zu ihr sage: „Das ist meine Pflicht", dann ist das für sie keine Ehre.
Wenn ich aber sage: „Es ist mir eine Freude", dann ehrt und erfreut sie dies.
Da haben wir es! Das ist der Hochgenuss für den christlichen Genießer. Wie sollen wir Gott in der Anbetung ehren? Indem wir sagen: „Es ist meine Pflicht", oder indem wir sagen: „Es ist mir eine Freude"?[45]

Wie würdest du deine Beziehung zu Gott charakterisieren? Freust du dich schon auf den Moment, an dem du endlich wieder Zeit mit ihm verbringst, dich mit ihm unterhältst und ihn mit Liedern preist? Bereitet es dir Vergnügen, sein heiliges Wort, die Bibel, zu lesen

und ihn dadurch immer besser kennenzulernen? Würdest
du deine Zeit mit Jesus als lustvoll bezeichnen? Was
begehrst du mehr als alles andere in deinem Leben?

Wie kann ein Mensch die Gemeinschaft mit Gott als
beglückend erfahren? „Eine Voraussetzung für diese
Erfahrung ist nötig: Wir müssen ihn kennen. Wir können
nur jemand lieben, den wir erlebt und kennengelernt
haben.“[46] „Wie kann man jemand lieben, es sei denn,
man kennt ihn“[47], seinen Charakter, sein Wesen und die
Qualitäten seiner Person. Es ist möglich, Gott
kennenzulernen, wenn wir uns mit seinem Wort
beschäftigen und darüber betend nachsinnen. Während
wir dies tun, zeigt uns der Heilige Geist immer mehr, wie
und wer Gott ist.

Sich an Gott zu freuen und seine Lust und sein Vergnügen
an ihm zu haben, ist an sich schon beglückend. Das ist
aber nicht alles. König David stellt darüber hinaus jenen,
auf dies zutrifft, herrlichen Lohn in Aussicht. „Unter der
Voraussetzung, daß die Beziehung zum Herrn lustvoll
erlebt wird, was der Hauptsegen ist, will Gott uns jede
Form von Zusatzsegen geben.“[48] Er „wird dir geben, was
dein Herz wünscht.“ Was für eine großartige Zusage! Zu
schön, um wahr zu sein. Handelt es sich um einen
Blankoscheck für all unsere Wunsche? Wie ist dies zu
verstehen? Was ist hier gemeint?

**„Die Bibel macht erstaunliche Versprechungen für
Menschen, deren Freude eher an Gott als an Dingen
liegt“.** (John Piper)

Wie oft kreisen wir nur um uns selbst. Wir sind der
Meinung, Gott sei vor allem unser Diener und dafür da,
uns bei der Erfüllung unserer Wünsche und

Lebensträume zu helfen und uns in den schweren Momenten unseres Lebens beizustehen und zu ermutigen. Wir kommen zu ihm, weil wir etwas von ihm wollen. Was für Wünsche trägst du in deinem Herzen? Was wünscht du dir mehr als alles andere?

Für diejenigen hingegen, die ihre Freude an Gott haben und die seine Gegenwart als lustvoll und beglückend erleben, verlieren die Dinge dieser Welt nach und nach ihren Reiz, und sie begehren immer mehr das, was Gott gefällt. Die Wünsche ihres Herzens beginnen sich zu verändern und gleichen sich dem Willen Gottes an. Sie machen Gottes Anliegen zu ihren Anliegen und beten voller Freude: „Dein Wille geschehe." Und ihr himmlischer Vater macht daraufhin ihre Anliegen zu seinen eigenen Anliegen.[49] Ihr sehnlichster Wunsch ist es, Gott zu kennen, ihn zu lieben, Gemeinschaft mit ihm zu pflegen, für ihn zu leben, ihm zu gefallen und Gefallen an ihm zu haben.[50] Solche Menschen werden erfahren, dass Gott selbst dafür sorgt, dass es ihnen an nichts mangeln wird. Ihnen kann Gott alles geben, was ihr Herz sich wünscht, jene tieferen Anliegen, Begehren oder Bitten ihres Herzens, nicht alle Wünsche, die gelegentlich in ihnen auftauchen. (Römer 8,32; 1. Korinther 3,21-23)

Habe deine Lust am HERRN; der wird dir geben, was dein Herz wünscht.

Kapitel 24 Das Glück, mit Gott im Tod verbunden zu sein

Glückselig sind die Toten, die im Herrn sterben, von nun an! Ja, spricht der Geist, sie sollen ruhen von ihren Mühen; ihre Werke aber folgen ihnen nach. (Offenbarung 14,13 SCH2000)

Wenn jemand nach einer langen Zeit schwerer Krankheit mit viel Leid und Schmerzen stirbt, dann sagt man: „Endlich hat er es geschafft. Nun ist alles vorbei und es geht ihm gut." Doch ist dies wahr? In der Bibel wird unterschieden zwischen dem Sterben eines Menschen, der ohne Gott gelebt und nicht an Jesus Christus als seinen Retter und Herrn geglaubt hat und einem solchen, der „im Herrn" stirbt. Von dem Letzteren schreibt der Apostel Paulus:
„Wenn wir leben, leben wir für den Herrn, und auch wenn wir sterben, gehören wir dem Herrn. Im Leben wie im Sterben gehören wir dem Herrn." (Römer 14,8 NGÜ)
Wer in diesem Leben durch den Glauben mit Jesus Christus verbunden gewesen ist, ist es ebenso im Sterben und danach. Der Tod ist nicht in der Lage, die Beziehung eines Christen zu seinem Herrn zu zerstören. So bekennt der Apostel voll Freude und Dankbarkeit:
„Ja, ich bin überzeugt, dass weder Tod noch Leben, weder Engel noch ´unsichtbare` Mächte, weder Gegenwärtiges noch Zukünftiges, noch ´gottfeindliche` Kräfte, weder Hohes noch Tiefes, noch sonst irgendetwas in der ganzen Schöpfung uns je von der Liebe Gottes trennen kann, die

uns geschenkt ist in Jesus Christus, unserem Herrn."
(Römer 8,38-39 NGÜ)
Was für eine überwältigende Botschaft! Wenn wir einmal durch das Tal des Todes zu gehen haben, dann kann uns keiner unser Lieben dabei begleiten weder unser Ehepartner noch unsere Kinder noch unsere besten Freunde. Wie gut es zu wissen, dass unser Herr Jesus in diesem Moment an unserer Seite ist. Er nimmt uns bei der Hand und führt uns zu Gott, unserem himmlischen Vater, damit wir mit ihm leben in ewiger Gemeinschaft in seiner neuen Welt.

Wir brauchen uns als Christen deshalb vor dem Tod nicht mehr zu fürchten (Hebräer 2,15). Er hat durch Jesu rettendes Handeln seinen Schrecken, seinen Stachel verloren. Jesus ist stellvertretend für uns gestorben. Er hat das Urteil Gottes für unsere Sünde und Schuld auf sich genommen, den Tod, die ewige Trennung von Gott. Und er wurde am dritten Tage von seinem Vater auferweckt von den Toten. Auf diese Weise hat er den Tod besiegt. Seitdem hat dieser keine Macht mehr über jene, die „in Christus" leben und sterben, die durch den Glauben mit ihm verbunden sind.

„'Der Tod ist vernichtet! Der Sieg ist vollkommen! Tod, wo ist dein Sieg? Tod, wo ist deine Macht?' Die Macht des Todes kommt von der Sünde. Die Sünde aber hat ihre Kraft aus dem Gesetz. Dank sei Gott, dass er uns durch Jesus Christus, unseren Herrn, den Sieg schenkt!"
(1. Korinthern 15,54b-57 GNB)
Während der Tod für all jene, die ohne Gott leben und nicht an Jesus an ihren Herrn und Retter glauben, totalen Verlust bedeutet, ist er für Christen nichts als Gewinn.
„Der Tod muss furchtbar für die sein, deren Glück mit ihrem Leben endet." (Cicero)

Die in Christus sterben dürfen einmal ihren geliebten
Herrn und Retter, ihren König, Hirten und Freund von
Angesicht zu Angesicht sehen, in ungetrübter
Gemeinschaft mit ihm leben und sich ewig an ihm
erfreuen. Wenn das nicht wahres Glück ist!

*„Denn Leben, das ist für mich Christus; darum bringt
Sterben für mich nur Gewinn."* (Philipper 1,21 GNB)

Wenn nach der Erde Leid, Arbeit und Pein
ich in die goldenen Gassen zieh ein,
wird nur das Schaun meines Heilands allein
Grund meiner Freude und Anbetung sein.
Das wird allein Herrlichkeit sein,
wenn frei von Weh ich sein Angesicht
seh! (Hedwig von Redern)[51]

„Zeigt mir einen, der krank und doch glücklich ist, der in
Gefahr schwebt und doch glücklich ist, der im Sterben
liegt und doch glücklich ist, in der Verbannung lebt und
doch glücklich ist, dem es übel geht, und doch glücklich
ist, zeigt ihn mir... Aber ihr könnt mir keinen zeigen."
(Epiktet)

**„Dein letzter Tag wird zeigen, ob du wirklich glücklich
bist."** (Seneca)

Kapitel 25 Das Glück, Gott zu loben und zu preisen

Glücklich zu preisen ist das Volk, dem es vertraut ist, dich zu loben. HERR, du wendest ihnen dein Angesicht freundlich zu, und so gehen sie ihren Weg. Den ganzen Tag freuen sie sich (jauchzen) über deinen großen Namen. (Psalm 89,16-17a NGÜ)

Der Mensch ist sein ganzes Leben lang auf der Suche nach dem Glück. Dabei ist es doch so nahe. Der Psalmist verrät seinen Lesern, was einen Menschen, ja sogar ein ganzes Volk, glücklich macht. Wahrhaft glücklich ist ein Mensch dann, wenn er sich an Gott freut und seiner großen Freude dadurch Ausdruck verleiht, dass er ihn lobt und preist.

Wie leicht fällt es uns, Dinge und Menschen, die wir lieben und schätzen, zu loben. Manchen Menschen bereitet es die größte Freude, sich in Bücher zu vertiefen. Stell dir einmal vor, du wärst eine solche Person. Du hast vor kurzem ein Buch gelesen. Die Worte des Autors haben dich inspiriert und dein Herz tief berührt. Die Geschichte hat dich von der ersten bis zur letzten Seite gefesselt. Du kannst es kaum erwarten, deinen Freunden von diesem exzellenten Buch zu berichten und es ihnen anzupreisen, es ihnen lobend zu empfehlen.
Oder dir ist gestern auf einer Party eine hinreißende Frau begegnet und es hat bei dir gefunkt. Seitdem hast du Schmetterlinge im Bauch. Du bist fasziniert von ihrem Lächeln, von ihren Augen, ihrem Humor und ihrem

Wesen. Dein Herz ist so überbordend voll, dass du diese Neuigkeit nicht für dich behalten kannst. Du bist nicht in der Lage zu schweigen. Du musst allen Menschen davon berichten. Du schwärmst von deiner "Angebeteten" und lobst sie in den höchsten Tönen.

Denke einmal an all das, was du von Herzen liebst, dann geht dir ein Lob über die Lippen, noch ehe es dir bewusst wird. Alle Freude drückt sich spontan in Lob aus.[52] Wir „loben gerne, was wir genießen, weil das Lob die Freude nicht nur ausdrückt, sondern erst vollkommen macht.", so drückte es einmal der US-amerikanische Theologe John Piper aus.[53]

Wie ist es um das Lob Gottes in deinem Leben bestellt? Wann hast du Gott das letzte Mal von ganzem Herzen gelobt und gepriesen? Wie lange ist es her, dass du ihm gesagt haben, dass du ihn liebst, wie begehrenswert du ihn findest und wie beglückend es für dich ist, Zeit mit ihm zu verbringen? Wenn Lobpreis und Anbetung in der Bibel derart wichtige und zentrale Themen sind, wie kann es dann sein, dass sie in unserem Leben oft nur eine Nebenrolle spielen?

Im Vergleich mit uns sündigen und fehlerhaften Menschen ist Gott zweifellos das wundervollste Wesen des gesamten Universums. Er ist souverän, das heißt: Er tut alles, was ihm wohl gefällt (Psalm 115,3). Seine Pläne können nicht durchkreuzt und zunichtegemacht werden. Gleichzeitig ist er ein heiliger und gerechter Gott. Er ist treu, *„barmherzig und gnädig, geduldig und von großer Güte"* (Psalm 103,8 SCH2000).

Das höchste Ziel des Menschen ist, Gott zu verherrlichen und sich für immer an Ihm zu erfreuen.[54]

Wenn wir Gott lieben und uns an ihm erfreuen, wenn wir unsere Lust und unser Vergnügen an ihm haben (Psalm 37,4), dann fällt es uns nicht schwer, ihn zu loben, zu preisen und ihn anzubeten. Dann ist es für uns keine Pflichterfüllung, dies zu tun, sondern eine Herzensangelegenheit. *„Denn wovon das Herz erfüllt ist, das spricht der Mund aus!"* (Lukas 6,45b Hfa)

„Gott wird nicht nur dadurch geehrt, dass Seine Herrlichkeit gesehen wird, sondern dadurch, dass sie bejubelt wird. Wenn diejenigen, die sie sehen, sich daran erfreuen, wird Gott mehr geehrt, als wenn sie sie nur sehen. (...) Wer seine Vorstellung von Gottes Herrlichkeit bezeugt, ehrt Gott nicht so sehr wie der, der auch seine Freude daran äußert."
(Jonathan Edwards)[55]

Wenn wir Gott loben, preisen und anbeten, dann wertschätzen wir ihn. Und wenn diese Wertschätzung intensiv ist, ist sie Freude an Gott.

Wahrhaft glücklich ist ein Mensch, der sich an Gott freut und seiner großen Freude dadurch Ausdruck verleiht, dass er ihn lobt und preist. Ein solcher Mensch hat den Fund seines Lebens gemacht. Er hat das Kostbarste entdeckt, was ein Mensch nur finden kann, den lebendigen Gott. Voll Freude lässt er daraufhin alles andere stehen und liegen, um diesen Schatz zu bekommen. Das musste ihm keiner erst sagen. Und als er ihn endlich hat, da jubelt er voll Freude und erzählt es allen Menschen um ihn herum. (Frei nach Matthäus 13,44)

"*Wie schön ist es, dem HERRN zu danken – deinen Namen, du Höchster, zu besingen! Morgen für Morgen deine Gnade zu verkünden und in den Nächten deine Treue (...) du, HERR, bereitest mir Freude durch dein Wirken; ja, ich juble über alles, was du mit mächtiger Hand geschaffen hast.*" (Psalm 92,2-3.5 NGÜ)

Das sind Worte eines Menschen, den es glücklich macht, Gottes Wesen zu loben und seinem Lobpreis mit Liedern Ausdruck zu verleihen.

"**Gott möchte, dass Christen in anbeten mit allem, was sie sind und haben; dann - und nur dann! - erfreuen Sie ihn und beten ihn wirklich an. Wahre Anbetung ist Gottes Willen tun; zudem ist Zufriedenheit mit dem, was man hat, wahre Anbetung. Anbetung und Glücklichsein gehören also zusammen.**" (Jeremiah Burroughs)[56]

Kapitel 26 Das Glück, Schutz bei Gott zu suchen und zu finden

Glücklich zu preisen ist, wer bei ihm (Gott) Zuflucht sucht. (Psalm 34,9b NGÜ)

Glücklich zu preisen sind alle, die Schutz bei ihm suchen. (Psalm 2,12b NGÜ)

An wen wendest du dich, wenn dein Leben dir zu schaffen macht? Wenn es außer Kontrolle zu geraten scheint? Wo suchst du Zuflucht, wenn Probleme dich bedrücken? Bei Freunden, deinem Partner, einem Therapeuten, in dem Besuch von Partys, dem Zocken von Computerspielen, Netflix, in übermäßigem Essen, dem Konsum alkoholischer Getränke, Medikamenten oder esoterischen Angeboten?

„Wenn angstmachende Umstände in unser Leben treten und die Zukunft ungewiss erscheint, tun wir alles Mögliche, um die Dinge unter Kontrolle zu halten. Unsere Methoden, Strategien, Listen und Pläne werden zu unserer Zuflucht. Wir setzen unsere Hoffnung in diese Dinge, um unser Leben funktionieren zu lassen."[57]

*„Besser ist es, beim HERRN Zuflucht zu suchen,
als Menschen zu vertrauen."* (Psalm 118,8 NZB)

Was bedeutet es, bei Gott Zuflucht zu suchen? Die Tatsache, dass Gott es zulässt, dass wir oder unsere

Lieben, Schwierigkeiten, Nöte, Krisen oder Traumata erleiden, macht gläubigen Menschen schwer zu schaffen, fordert ihr Vertrauen zu Gott heraus. Sie wenden sich in ihren schweren Lebensumständen an ihren Vater im Himmel und flehen ihn an, ihnen zu helfen. Gott hört das Rufen seiner Kinder und hilft zu seiner Zeit und auf seine Weise. Nicht immer schenkt er ihnen einen schnellen Weg aus der Krise.

Wenn wir unsere Zuflucht und unseren Schutz bei Gott suchen, dann tun wir dies, indem wir unser ganzes Vertrauen in seine Liebe und Macht setzen. Wir vertrauen darauf, dass Gott gütig ist, uns liebt und uns deshalb von Herzen gern hilft. Und wir vertrauen darauf, dass Gott über alle Fähigkeiten verfügt, uns in jeder Notlage beizustehen und uns daraus zu befreien. Wer auf ihn vertraut, der wird niemals enttäuscht. Wer bei Gott Zuflucht sucht, der ist sicher und geschützt, anders als im Falle der vielen anderen Zufluchtsorte, die die Welt zu bieten hat. In „Gottes Burg" sind weder böse Menschen noch der Teufel und seine Mächte in der Lage, uns etwas anzuhaben.

„Der HERR ist für mich, ich fürchte mich nicht,
was können Menschen mir antun?" (Psalm 118,6[58] NZB)

Bei Gott findet ein Christ Ruhe und Geborgenheit. In seiner Nähe findet er alles, was er braucht. Bei Gott sein und in Gemeinschaft mit ihm leben zu dürfen, stellt ein Gotteskind vollkommen zufrieden. Aus diesem Grund ist jemand, der bei Gott Zuflucht und Schutz sucht, wahrhaft glücklich.

Wo liegen meine Sicherheiten? Ist Gott deine Zuflucht und Festung, dein Hirte, Berater, Freund und Erlöser, dein Wegweiser? Wenn er es ist, musst du nicht weiter nach irgendeiner anderen Form von Sicherheit suchen. (Elisabeth Elliot)

*Der Name des HERRN ist ein starker Turm,
der Gerechte eilt dorthin und findet Schutz.* (Sprüche 18,10 NZB)

*Denn du bist für mich zu einer Zuflucht geworden,
zum starken Turm, der mich schützt vor dem Feind.
Ich möchte in deinem Heiligtum wohnen für alle
Ewigkeit, mich bergen unter deinen schützenden
Flügeln.* (Psalm 61,4-5 NGÜ)

Kapitel 27 Ein feste Burg ist unser Gott

1) Ein feste Burg ist unser Gott, ein gute Wehr und Waffen. Er hilft uns frei aus aller Not, die uns jetzt hat betroffen. Der alt böse Feind, mit Ernst er's jetzt meint, groß Macht und viel List sein grausam Rüstung ist, auf Erd ist nicht seinsgleichen.

2) Mit unsrer Macht ist nichts getan, wir sind gar bald verloren; es streit' für uns der rechte Mann, den Gott hat selbst erkoren. Fragst du, wer der ist? Er heißt Jesus Christ, der Herr Zebaoth, und ist kein andrer Gott; das Feld muss er behalten.

3) Und wenn die Welt voll Teufel wär und wollt uns gar verschlingen, so fürchten wir uns nicht so sehr, es soll uns doch gelingen. Der Fürst dieser Welt, wie saur er sich stellt, tut er uns doch nicht; das macht, er ist gericht': ein Wörtlein kann ihn fällen.

4) Das Wort sie sollen lassen stahn und kein Dank dazu haben; er ist bei uns wohl auf dem Plan mit seinem Geist und Gaben. Nehmen sie den Leib, Gut, Ehr, Kind und Weib: lass fahren dahin, sie habens kein Gewinn, das Reich muss

uns doch bleiben. (Martin Luther 1528)

Kapitel 28 Herr, ich suche deine Ruhe

Herr, ich suche Deine Ruhe
fern vom Getöse dieser Welt.
Ich hör jetzt auf mit allem, was ich tue
und tu` das eine, das im Leben zählt.
Ich geh` im Geist jetzt vor Dir auf die Knie
und höre auf die Stimme meines Herrn.
Führe Du mein Innerstes zur Ruhe,
und lass Dein Feuer meine Hast verzehr`n.

Du bist ein starker Turm,
du bist das Auge im Sturm.
Du sprichst zum aufgewühlten Meer
meiner Seele in mir, Herr,
Friede mit Dir, Friede mit Dir!

Herr, ich suche Deinen Frieden,
das, was die Welt nicht geben kann,
in Harmonie und tief versöhnt zu leben,
denn das fängt erst in Deiner Nähe an!
Ich löse mich von allen Ambitionen
und wird` so still wie ein grad gestilltes
                    Kind.
Denn Du hast mehr für mich als Illusionen,
Dein Rat für mich verweht nicht mit
dem Wind. (Martin Pepper)[59]

Kapitel 29 Das Glück, sich an Gottes Wort zu erfreuen

*Wie glücklich ist ein Mensch, der den HERRN achtet und ehrt und **große Freude** hat an Gottes Geboten!* (Psalm 112,1 GNB)

*Es erfüllt mich mit **Freude**, den Weg zu gehen, den du als richtig bezeugst; darüber bin ich glücklicher als über alles, was man besitzen kann.* (Psalm 119,14 NGÜ)

Wenn der eine und wahre Gott gesprochen hat, können Menschen, die Sein Wort ignorieren, nicht auf Dauer glücklich sein. Die Bibel ist kein leeres Wort, sondern Ihr Leben - das Brennmaterial für Ihre Freude![60]

Sich an Gottes Weisungen wie ein Schneekönig zu freuen[61], bedeutet mehr, als lediglich seine Gebote zu halten. Der Psalmist beschreibt hier eine lustvolle Beziehung voller Emotion und Leidenschaft. Das ist erstaunlich. Würdest du dein Verhältnis zu Gottes Wort und seinen Geboten ebenso beschreiben? Die Gebote Gottes sind für den Psalmdichter „Gegenstand höchster Freude". Sie sind für ihn das Größte in seinem Leben, ein Schatz, eine edle Kostbarkeit. Wie ist so etwas möglich? Was macht diese Weisungen Gottes so außergewöhnlich?

Es geht hier nicht um irgendwelche Gebote, die sich Menschen ausgedacht oder in gegenseitiger Übereinkunft als Grundlage für ihr Miteinander festgelegt

haben. Solche Weisungen wandeln sich im Laufe der Zeit und müssen immer wieder neu an die aktuellen Gegebenheiten angepasst werden.
Anders ist es hingegen mit den Geboten, von denen der Psalmist hier spricht. Diese sind göttlichen Ursprungs und göttlicher Würde. Gott selbst ist ihr Urheber. Sie sind deshalb zeitlos und ewig gültig (Jesaja 40,8 NZB[62]).

Jede einzelne Schriftstelle der Bibel ist durch Gottes Geist den Autoren der biblischen Bücher „eingehaucht" worden, so drückt es der Apostel Paulus in seinem zweiten Brief an Timotheus aus (2. Timotheus 3,16). Und der Apostel Petrus beschreibt den Charakter der Bibel wie folgt:
„Denn was an Weissagung einst ergangen ist, geht nicht auf den Willen eines Menschen zurück, vielmehr haben, getrieben vom heiligen Geist, Menschen im Auftrag Gottes gesprochen." (2. Petrus 1,21 NZB)
Doch kann man sicher sein, dass die biblischen Autoren das, was sie von Gott gehört haben, zuverlässig und getreu festgehalten haben? Kann man den Aussagen der Bibel vertrauen? Gewiss, denn Gott selbst hat dafür gesorgt durch seinen Heiligen Geist. Hören wir, was der Herr Jesus selbst zu diesem Thema gesagt hat: *"der Beistand aber, der Heilige Geist, den der Vater senden wird in meinem Namen, der wird euch alles lehren und euch an alles erinnern, was ich euch gesagt habe."* (Johannes 14,26 SCH2000)

Unser Schöpfer selbst, derjenige, der uns geplant, gebildet und ins Leben gerufen hat, hat seinen Willen nicht für sich behalten, sondern ihn uns mitgeteilt. Er hat uns dadurch wertgeachtet, dass er zu uns geredet und uns verbindliche Weisungen gegeben hat. Das ist wahrhaftig ein Grund zu großer Freude. Gott vertraute

seinen Kindern sein göttliches Wort an. Er zeigte ihnen durch dieses den Weg, den sie gehen sollen.
"*Dein Wort ist meines Fußes Leuchte und ein Licht auf meinem Weg.*" (Psalm 119,105 SCH2000).

Wer wüsste besser, welcher Weg für uns Menschen der Richtige ist, wenn nicht derjenige, der uns geschaffen hat. Er kennt uns viel besser als irgendein Mensch und besser als wir uns selbst. Gott liebt seine Menschen. Deshalb hat er ihnen seine Weisungen gegeben, dass sie, wenn sie sich daran halten, ein sinnerfülltes und glückliches Leben haben, welches Gott wohlgefällt und ihm Ehre bereitet.

Ein Kind Gottes, welches seinen himmlischen Vater von Herzen liebt, wird deshalb liebend gern einstimmen in die Worte des Psalmisten: „*Es erfüllt mich mit **Freude**, den Weg zu gehen, den du als richtig bezeugst; darüber bin ich glücklicher als über alles, was man besitzen kann.*"
(Psalm 119,14 NGÜ)
Was für ein Glück ist es, dass Gott uns sein heiliges Wort anvertraut hat. Weitaus kostbarer ist es als alles andere, was ein Mensch besitzt.

Kapitel 30 Herr, dein Wort, die edle Gabe

1) Herr, dein Wort, die edle Gabe,
diesen Schatz erhalte mir;
denn ich zieh es aller Habe
und dem größten Reichtum für.
Wenn dein Wort nicht mehr soll gelten,
worauf soll der Glaube ruhn?
Mir ist's nicht um tausend Welten,
aber um dein Wort zu tun.

2) Halleluja, Ja und Amen!
Herr, du wollest auf mich sehn,
dass ich mög in deinem Namen
fest bei deinem Worte stehn.
Lass mich eifrig sein beflissen,
dir zu dienen früh und spat
und zugleich zu deinen Füßen
sitzen, wie Maria tat. (Zinzendorf)[63]

Kapitel 31 Das Glück, unentwegt über Gottes Wort nachzusinnen

*´Glücklich zu preisen ist`, wer **Verlangen (Lust) hat** nach der Weisung des HERRN und **darüber nachdenkt Tag und Nacht. Er gleicht einem Baum, der zwischen Wasserläufen gepflanzt wurde: zur Erntezeit trägt er Früchte, und seine Blätter verwelken nicht. Was ein solcher Mensch unternimmt, das gelingt.*** (Psalm 1,2-3 nach NGÜ)

Der Psalmist ruft hier begeistert aus: „*Glücklich zu preisen ist, wer Lust hat, wer ein starkes Verlangen hat, nach der Weisung des HERRN und darüber nachsinnt Tag und Nacht.*".

Dem Liederdichter geht es hier nicht um das Glück, das vor Augen liegt, sondern um das wahre Glück, das versteckte Glück, das alles erfahrene Unglück überwiegt.[64]

Dieses Glück ist untrennbar verbunden mit der Weisung Gottes. Der Glückliche ist derjenige, der sich sehnt nach Gottes heiligem Wort, der ein intensives Verlangen hat nach ihm, dem es eine Lust, eine Freude, eine Wonne bereitet, über die Weisungen Gottes nachzusinnen.

Was sind das für Menschen, die ein derartiges Verhältnis zu Gottes Wort haben? Es sind seine Kinder, diejenigen, die Gott vor Grundlegung der Welt erwählt hat (Epheser 1,4), denen er ein neues Leben geschenkt hat, die an ihn glauben, die ihre verkehrten Wege verlassen haben und auf seinen Pfaden wandeln. Für diese neue Art von Menschen bedeutet es keine lästige Pflicht, sich jeden Tag neu hinzusetzen und in der Bibel zu lesen. Sie widmen sich dieser Aufgabe vielmehr mit Lust und Begeisterung. Sie vernehmen in sich ein überaus kräftiges Verlangen, was erst gestillt wird, wenn sie Gottes Wort aufschlagen, studieren und darüber immer und immer wieder nachsinnen.

Ich finde es erstaunlich, dass der Psalmist nicht nur von einer Lust und einem Verlangen nach der Weisung Gottes spricht, sondern auch nach Gott selbst, wenngleich er hierfür andere Worte verwendet (Psalm 37,4; 42,2). Gott und sein Wort sind folglich auf das Engste miteinander verbunden. Über Gottes Wort nachzusinnen, bringt in Verbindung mit Gott selbst, der Quelle dieses Wortes (vgl. Johannes 15,7).

Worin besteht das Glück, nach Gottes Weisung zu verlangen und über sie Tag und Nacht, regelmäßig und immer und immer wieder, nachzusinnen?

Wer so handelt, so der Psalmist, gleicht einem Baum, der an einem Wasserlauf wächst und deshalb allezeit alles zur Verfügung hat, was er benötigt, um zu wachsen, zu gedeihen und reichlich Frucht zu tragen. Wer wünscht sich nicht ein solches, ein gelingendes, sinnerfülltes und glückliches Leben?

Ein Leben, welches in Gottes Wort verwurzelt ist, bringt geistliche Früchte hervor, die Wesenseigenschaften Gottes, wie *„Liebe, Freude, Frieden, Geduld, Freundlichkeit, Güte, Treue, Rücksichtnahme und Selbstbeherrschung"* (Galater 5,22 NGÜ).

Der Herr Jesus verbindet das Fruchtbringen mit seiner Person, indem er zu seinen Jüngern sagt: "*Wer in mir bleibt und ich in ihm, der bringt viel Frucht; denn getrennt von mir könnt ihr nichts tun.*" (Johannes 15,5 SCH2000)

Glücklich ist ein Mensch, der ein großes Verlangen nach Gottes Wort hat und deshalb immerfort darüber nachsinnt. Sein Leben blüht auf und bringt reiche Frucht. Gott schenkt ihm Gelingen auf all seinen Wegen. An ihm wachsen und reifen die Früchte des Wesens seines Herrn Jesus, und er wird ihm immer ähnlicher. Das ist der Plan Gottes für seine Kinder (Römer 8,29[65]). Im eigenen Leben wahrzunehmen, wie dies mehr und mehr Realität wird, erfreut einen Christen und macht ihn wahrhaft glücklich.

„Oh Glück des Mannes, der den von Gott gewiesenen und von Gott ‚gekannten' Weg geht!"
(Martin Buber)[66]

Kapitel 32 Das Glück, den Weg zu gehen, den Gottes Wort uns weist

Glücklich zu preisen sind alle, deren Lebensweg untadelig ist, die den Weg gehen, den die Weisung (Tora) des HERRN zeigt.
Glücklich sind, die auf alles achten, was er in seinem Wort bezeugt, die von ganzem Herzen nach ihm fragen, die kein Unrecht tun, sondern auf Gottes Wegen gehen. (Psalm 119,1-3)

Jesus spricht: „... *glücklich zu preisen sind die, die Gottes Wort hören und es befolgen.*" (Lukas 11,28 NGÜ[67])

Welch Glück ist es für den Menschen, dass Gott sein Schweigen gebrochen und zu ihm geredet hat. Wie reich beschenkt sind wir, dass er nicht im Verborgenen geblieben ist, sondern sich uns offenbart hat. Durch sein Wort lässt Gott uns sein Wesen und sein Handeln erkennen, seine Gedanken, Absichten und seinen Willen.

Durch Gottes Wort lernen wir ihn kennen, sein faszinierendes Wesen, ebenso wie sein gerechtes und barmherziges Handeln.

Nach jüdischem Verständnis ist die Tora (Weisung)[68] ein Geschenk Gottes an den Menschen und Ausdruck seiner „Gnade"[69]. Sie schenkt ihm wahres Leben.[70] Die Tora wurde dem Volk Gottes von ihm nicht aufgezwungen. Die Israeliten haben sie vielmehr freiwillig und gern angenommen, obwohl sie sich immer wieder von Gott

abgewandt haben und anderen Göttern nachgelaufen sind. In einer rabbinischen Haggada[71] heißt es, Gott habe die Tora einem Volk nach dem anderen angeboten, bis er schließlich allein vom Volk Israel eine positive Antwort bekommen habe: ‚Wir wollen tun und hören'.[72]
Diese Erzählung aus dem babylonischen Talmud enthält ein weiteres Schlüsselelement jüdischen Verständnisses der Tora: Das Tun hat einen Vorrang gegenüber dem Hören. Das, was Gott in seiner Weisung den Menschen gegeben hat, soll in erster Linie getan werden. Es zielt darauf ab, dass der Mensch, der dies liest oder hört, sein Leben danach ausrichtet. Auf diese Weise gibt die Tora dem einzelnen Menschen ebenso wie der Gemeinschaft eine neue Ausrichtung.

Gott hat die Tora - sein Wort - den Israeliten nicht als Weg gegeben, um dadurch erlöst zu werden. Er gab sie ihnen erst, nachdem sie bereits erlöst, nachdem sie aus der Sklaverei in Ägypten befreit worden waren, als Grundlage des gemeinsamen Weges im Bund mit ihm. Der Gläubige soll sich das Wort Gottes nicht nur intellektuell anzueignen, sondern sich darin vertiefen, sodass es am Ende das ganze Leben durchdringt und umgestaltet.[73]

Das Wort Gottes gibt Wegweisung für ein Leben in Übereinstimmung mit Gott.

Glücklich sind jene Menschen, die auf alles sorgsam achten, was Gott uns in seinem Wort bezeugt hat und den Weg gehen, den er ihnen dort aufzeigt. Sie leben in Übereinstimmung mit dem Gott, an den sie glauben, den sie von Herzen lieben und dem sie ihre Treue geschworen haben; und ehren ihn durch ihr Leben. Wer so lebt, lebt gemäß der Bestimmung, die Gott für sein Leben hat und ist deshalb wahrhaft glücklich. Deshalb preist Psalm 119 all jene glücklich, die die Tora trotz aller widrigen Umstände ernstnehmen, auf sie bauen und sie in ihrem Leben umsetzen.

Als Christen glauben wir im Gegensatz zu den meisten unserer Zeitgenossen, dass wir dazu geschaffen wurden, uns an der Erkenntnis und der Liebe Gottes zu erfreuen und unsere Erfüllung darin zu finden, dass wir in seinen Wegen wandeln. (Ken Myers)[74]

Kapitel 33 Ein Gott, der redet

1. Wir wollen auf dich hören, wenn du jetzt zu uns
sprichst, unsre müden Herzen anrührst und durch unsre
Mauern brichst, wenn du sprichst, wenn du sprichst.
Veränder unser Wollen, das Fühlen, den Verstand.
Veränder unser Reden, nimm du dein Volk bei der Hand,
wenn du sprichst, wenn du sprichst.

Du bist ein Gott, der redet, der seinem Volk begegnet,
nicht an einem fernen Ort, sondern hier in seinem Wort.

2. Belebe unsern Glauben durch deines Wortes Kraft.
Belebe tote Herzen, Du, der Gott, der Leben schafft,
wenn du sprichst, wenn du sprichst.
Erfülle uns mit Liebe, weil du uns so sehr liebst.
Lass uns das weitergeben, weil du uns in Fülle gibst,
wenn du sprichst, wenn du sprichst.

Du bist ein Gott, der redet, der seinem Volk begegnet,
nicht an einem fernen Ort, sondern hier in seinem Wort.

3. Gestalte unser Wesen in das Wesen deines Sohns, bis
wir einst vor dir stehen an den Stufen deines Throns und
du sprichst, und du sprichst.
Wir wollen auf dich hören, wenn du jetzt zu uns sprichst.
Du hast dein Wort gegeben, der du selbst das Schweigen
brichst, denn du sprichst, denn du sprichst.

Du bist ein Gott, der redet, der seinem Volk begegnet,
nicht an einem fernen Ort, sondern hier in seinem Wort.

Wir wollen auf dich hören, wenn du jetzt zu uns sprichst, unsre müden Herzen anrührst und durch unsre Mauern brichst, durch dein Wort, durch dein Wort.[75]

Kapitel 34 Das Glück, sich nach Gottes Wort zu richten

Glücklich, wer aus diesem Buch vorliest, und glücklich, wer diese prophetische Botschaft hört und sich danach richtet (wörtlich: bewahrt)! Denn was hier angekündigt ist, wird sich bald erfüllen. (Offenbarung 1,3 NGÜ)

Glücklich, wer sich nach diesem Buch mit seiner prophetischen Botschaft richtet! (Offenbarung 22,7 NGÜ)

Zu Zeiten der ersten Christen hatte nicht jeder eine Bibel, die er zu Hause lesen konnte. In den gemeinsamen Zusammenkünften las einer aus dem Wort Gottes vor und die Übrigen hörten zu. Sowohl diejenigen, die Gottes Wort vorlesen als auch diejenigen, die aufmerksam zuhören und danach trachten, das Gehörte zu befolgen, werden glücklich gepriesen.

Leider sind nur wenige Menschen offen für das Wort Gottes. Die Meisten interessieren sich nicht dafür, was Gott ihnen zu sagen hat. Sie sind nicht bereit, sich etwas sagen zu lassen. Sie wollen autonom sein, ihr eigener Chef sein. Sie meinen, besser als Gott zu wissen, was für ihr Leben das Beste ist. Das erinnert mich an die Tragödie, die sich in grauer Vorzeit im Garten Eden abgespielt hat. Gott hatte dem ersten Menschenpaar, weil er es liebte, ein perfektes Lebensumfeld geschaffen, in dem es ihm an nicht nichts fehlen sollte. Alles in diesem üppigen Garten stand den Menschen zur Verfügung, nur ein einziger Baum war davon ausgenommen. Das war die Grenze, die der allmächtige Gott ihnen gesetzt hatte. Doch die Menschen achteten die Worte ihres Schöpfers, der sie so reich beschenkt hatte, für nichts und schenkten stattdessen den Lügenworten der Schlange Vertrauen und übertraten das gute Gebot Gottes. Auf diese Weise entfernten sie sich aus dem Raum des göttlichen Segens und gerieten unter den Fluch. Die Folge war eine furchtbare Lawine des Unheils, unter deren Auswirkungen wir selbst heute noch zu leiden haben. Die Missachtung des Wortes Gottes trennte den Menschen von seinem Schöpfer wie eine unüberwindliche Mauer (Jesaja 59,2). Der Mensch wurde aus dem Garten Eden und damit von der Gemeinschaft mit seinem Schöpfer ausgeschlossen. Die Früchte seines Ungehorsams Gott gegenüber waren Bosheit, Leid und Zerstörung.

Gibt es einen Weg zurück in die Gemeinschaft mit Gott? Ist es möglich, dass der Mensch von diesem Fluch befreit wird? Kann er Segen, Heil und damit wahres Glück zurückerlangen? Ja, diese Möglichkeit besteht, indem er anfängt, auf Gott zu hören. Indem er die Bibel aufschlägt und darin aufmerksam liest. Indem er Gottesdienste besucht, in denen Gottes Wort rein und lauter gepredigt wird. In der Bibel findet sich Gottes schonungslose, aber gleichzeitig heilsame Diagnose, wie es um unser Verhältnis zu ihm bestellt ist. In ihr findet sich ebenfalls die Beschreibung des Wegs zurück in die Gemeinschaft mit Gott, sein Rettungsplan für die Menschheit wie für das gesamte All (Kolosser 1,20). Im Zentrum von allem steht Jesus Christus, der Sohn Gottes. Anders als wir Menschen hat er sein ganzes Leben lang in allem bis ins Kleinste auf das Wort seines Vaters gehört und dieses befolgt. Der Evangelist Johannes bringt diese Wahrheit in kraftvollen Worten zum Ausdruck:

"Der Sohn kann nichts von sich selbst aus tun; er tut nur, was er den Vater tun sieht. Was immer der Vater tut, das tut auch der Sohn. Denn der Vater hat den Sohn lieb und zeigt ihm alles, was er tut. (...) Von mir selbst aus kann ich nichts tun. Auch dann, wenn ich urteile, höre ich auf den Vater. Und mein Urteil ist gerecht, weil es mir nicht um meinen eigenen Willen geht, sondern um den Willen dessen, der mich gesandt hat." (Johannes 5,19-20.30 NGÜ)

Wie ist es möglich, dass wir wieder mit Gott versöhnt werden? Wie kann es geschehen, dass wir befreit werden von dem Fluch, der auf unserem Leben lastet und in den Raum des Segens und der Glückseligkeit eintreten? Nur dadurch, dass ein Unschuldiger, ein Sündloser - Jesus Christus - stellvertretend für uns, an unserer statt zum Fluch wurde (Galater 3,13). Der Sohn Gottes nahm die Strafe auf sich, die wir gerechterweise verdient haben, weil wir Gottes Wort und Willen missachtet haben: den Tod. Außerdem lebte er das gerechte und Gott gehorsame Leben, wozu wir alle verpflichtet waren. Der Herr Jesus hörte allezeit und unter allen Umständen auf Gottes Wort und befolgte dies gehorsam. Jedem, der an ihn als seinen Retter glaubt und ihm als seinem Herrn sein gesamtes Leben unterstellt, vergibt er seine Sünden und gibt ihm Anteil an dem neuen Leben Gottes.

Wie unbegreiflich ist es, dass Gott zu uns Menschen redet, dass er uns sein heiliges Wort anvertraut hat. Was für herrliche Schätze finden sich in ihm. Wahrhaft glücklich ist derjenige, der das Wort Jesu, des Sohnes Gottes, hört und *"dem glaubt, der Ihn gesandt hat, denn der hat ewiges Leben und kommt nie ins Gericht, sondern ist vom Tod zum Leben hinübergegangen."* (siehe Johannes 5,24).

"*Glücklich, wer aus diesem Buch vorliest, und glücklich, wer diese prophetische Botschaft hört und sie bewahrt.*"
bis zum Ende (Offenbarung 1,3).

**Glücklich ist der Mensch,
der eine Bibel besitzt!
Glücklicher ist der, der sie liebt!
Am glücklichsten von allen ist der,
der sie liest und sie befolgt!**
(J.C. Ryle)

Kapitel 35 Die Bedeutsamkeit der Bibel

„Von keinem andern als von denen, durch welche das Evangelium an uns gelangt ist, haben wir Gottes Heilsplan gelernt. Was sie zuerst gepredigt und dann nach dem Willen Gottes uns schriftlich überliefert haben, das sollte das Fundament und die Grundsäule unseres Glaubens werden." (Irenäus)[76]

„Die Heilige Schrift gibt dem Leben der Kirche Stütze und Kraft. Für die Kinder der Kirche ist sie Glaubensstärke, Speise und Quelle des geistlichen Lebens. Sie ist die Seele der Theologie und der pastoralen Verkündigung. Der Psalmist sagt: *,Dein Wort ist meinem Fuß eine Leuchte, ein Licht für meine Pfade'* (Psalm 119,105). Darum ermahnt die Kirche zu häufiger Lesung der Heiligen Schrift. „Unkenntnis der Schriften ist nämlich Unkenntnis Christi". (Hieronymus)[77]

„Deutlicher als je zuvor sah ich, dass die erste bedeutende und vorrangige Angelegenheit, der ich mich jeden Tag widmen sollte, das Glücklichsein meiner Seele im Herrn war. Meine erste Sorge sollte nicht dem Gedanken gelten, wie viel ich im Dienst für den Herrn tun, wie ich den Herrn verherrlichen könnte, sondern wie ich meine Seele in einen Zustand des Glücks versetzen und wie mein innerer Mensch genährt werden könnte. ... Ich erkannte, dass für mich das Wichtigste die Hingabe an das Lesen des Wortes Gottes und das tiefe Nachdenken darüber sein musste." (Georg Müller von Bristol)

„Wenn unsere Suche nach dauerhaftem Glück erfolgreich sein soll, müssen wir sie in einer Beziehung zu unserem Schöpfer durchführen. Das geht nur, wenn wir Sein Wort hören. Dieses Wort haben wir in der Bibel, und die beste Nachricht von allen ist, dass das, was Gott in Seinem Buch gesagt hat, Brennmaterial für den christlichen Genießer ist." (John Piper)

Kapitel 36 Das Glück, Gott zu vertrauen

Wer auf Unterweisung hört, dem wird es gut gehen; wer auf den HERRN vertraut, wird glücklich sein. (Sprüche 16,20 NLB)

Glücklich zu preisen ist, wer sein Vertrauen auf den HERRN setzt und nicht hört auf die Stolzen, die vom richtigen Weg abweichen und nur allzu leicht zum Lügen bereit sind. (Psalm 40,5 NGÜ)

Jeder Mensch trachtet danach, glücklich zu sein und ein erfülltes Leben zu führen. Der Schlüssel dazu ist Gottvertrauen. Wahrhaft glücklich machen nicht Wohlstand und Erfolg, Anerkennung und Ehre, Gesundheit oder starkes Selbstbewusstsein, sondern allein das Vertrauen auf den Herrn.

Folgende Geschichte möge anschaulich verdeutlichen, was Vertrauen ist und wie sich dieses im Leben auswirkt: Zwei Kinder kletterten einmal auf eine hohe Mauer und kamen nicht wieder herunter. Nach einiger Zeit kam der Vater des einen Jungen vorbei und rief seinem Kind zu: „Spring in meine Arme!" Voller Freude, seinen Papa zu sehen, sprang der Junge unverzüglich und landete wohlbehalten in den Armen seines Vaters. Der Mann forderte daraufhin den fremden Jungen auf, in seine Arme zu springen, doch dieser traute sich nicht. Statt zu vertrauen und zu springen, hangelte er sich lieber an der Mauer herunter, schürfte sich dabei die Knie auf und stürzte zu guter Letzt auf den Boden.[78]

Der erste Junge sprang sofort und ohne zu zögern, als der Mann ihn dazu aufforderte, in seine Arme zu springen. Warum? Weil er der Vater des Kindes ist. Weil der Junge seinen Papa kennt. Er ist sich gewiss, dass dieser ihn liebt und es gut mit ihm meint. Er vertraut darauf, dass sein Vater ihn auffangen kann und dies auch wird. Auf seinen Papa ist Verlass. Anders der zweite Junge. Er kennt den Mann nicht. Er ist nicht in der Lage, einschätzen, ob er ihm vertrauen kann. Deshalb versucht er lieber, sich selbst zu helfen, verständlicherweise.

Worin besteht das Glück, auf Gott zu vertrauen?

1. Wer Gott vertraut, der ist ein Kind Gottes, der ist aus Gott geboren.

„Jeder, der glaubt, dass Jesus der ´von Gott gesandte Retter,` der Christus, ist, ist aus Gott geboren (oder: von Gott gezeugt)." (1. Johannes 5,1 NGÜ)
Es ist schon etwas Kostbares, Eltern zu haben, die einen lieben. Wie viel größer und herrlicher ist es, wenn Gott uns als seine Kinder adoptiert. Wenn du – im Bild gesprochen – in Gottes Arme springst, erweist du dich als Kind Gottes. Der Glaube offenbart deine Kindschaft, unabhängig davon, ob du sie fühlst oder nicht.
„Aber allen, die ihn aufnahmen und ihm Glauben schenkten, verlieh er das Recht, Kinder Gottes zu werden." (Johannes 1,12 GNB)
Was für ein Glück und was für eine Freude ist es, ein Kind des wundervollsten Wesens des gesamten Universums zu sein zu, ein Kind des lebendigen Gottes!
Anlässlich des Weltglückstages hatte das christliche Medienmagazin pro im Jahre 2021 seine Leser auf Facebook und Instagram gefragt, was für sie Glück

bedeute. In diesem Jahre hatte das Thema Corona
großen Einfluss auf die Antworten. Viele Leser
auf Facebook wünschen sich „gesund zu bleiben" oder
dass ihre Familie sie glücklich mache. (...) Eine Nutzerin
schrieb: „Glück bedeutet für mich, Gottes geliebtes Kind
zu sein und unter seinem Schutz zu wohnen, bei Jesus
ewig sicher zu sein und einen neuen Tag mit Frieden,
Gesundheit und Gottes Anwesenheit geschenkt zu
bekommen."

**2. Wer Gott als Vater hat, der braucht sich keine Sorgen
mehr zu machen.**

Das lehrte der Herr Jesus einmal seine Jünger: *„Wenn
Gott sogar die Feldblumen so ausstattet, die heute blühen
und morgen verbrannt werden, dann wird er sich erst
recht um euch kümmern. Habt doch mehr Vertrauen!
Zerbrecht euch also nicht den Kopf darüber, was ihr essen
und trinken werdet. Mit all dem plagen sich Menschen,
die Gott nicht kennen. Euer Vater weiß, was ihr braucht."*
(Lukas 12,28-30 GNB)
Die Menschen, die Gott nicht kennen, die nicht an ihn
glauben und ohne ihn leben, sind gezwungen, sich
Sorgen zu machen, weil sie niemanden über sich haben,
der sich um sie kümmert und für sie sorgt. Anders Gottes
Kinder, sie haben einen allmächtigen und gütigen Gott
und Vater, der für sie da ist und auf sie aufpasst. Sie
brauchen nicht in Angst und Sorge verfallen, wenn sie
sich einmal „verklettert" haben und nicht mehr wissen,
wie sie von der hohen „Mauer" herunterkommen. Gott
hilft ihnen, aus Problemen und Schwierigkeiten
herauszukommen und von zerstörerischen Bindungen frei
zu werden. Er vergibt ihnen ihre Sünden, reinigt sie von
allem Unrecht und schenkt ihnen so einen Neuanfang (1.
Johannes 1,9). Kinder Gottes können sich vertrauensvoll

und gelassen in seine Arme fallen lassen. Was für ein
Glück ist ein solches Leben!

Kapitel 37 Das Glück, nicht zu sehen und doch zu glauben

Jesus erwiderte: „Jetzt, wo du mich gesehen hast, glaubst du. Glücklich zu nennen sind die, die nicht sehen und trotzdem glauben." (Johannes 20,29 NGÜ)

Ein Atheist, ein Philosoph und ein Theologe sind zusammen in einen dunklen Raum gesperrt. Ihre Aufgabe ist es, eine schwarze Katze zu finden. Keiner ist in der Lage, sie zu sehen. Der Atheist sucht erst gar nicht. Für ihn steht fest: Es gibt keine schwarze Katze in diesem Raum. Der Philosoph tappt unsicher im Dunkeln herum, um die Katze zu suchen, die durchaus da sein könnte, während der Theologe schreit: „Ich hab sie!" Es ist aber nur eine Behauptung. – Die Frage lautet: Befindet sich in dem Raum tatsächlich eine schwarze Katze? Gibt es sie und kann man sie finden?

Im Grunde genommen sind Atheisten konsequent. Sie schlussfolgern aus dem, wie sie die Wirklichkeit erleben, dass es keinen Gott geben kann. Sie haben Gott noch nie gesehen und sein Eingreifen niemals erfahren. Außerdem kann man mit wissenschaftlichen Methoden seine Existenz nicht beweisen. Alle Versuche, dies zu tun, gelten als gescheitert. Nur das, was man zu sehen, zu messen und zu beweisen in der Lage ist, existiert. „Und was ein Realist ist, der weiß, dass das, was ist, ist", dichtet der Dichter. Das bedeutet umgekehrt, dass der Realist ebenfalls genau weiß, was nicht ist, in diesem Fall Gott!

Für die Menschen zur Zeit Jesu war es selbstverständlich, dass es einen Gott oder mehrere Götter gibt. Wie sah es aber mit der Überzeugung aus, dass der Wanderrabbi Jesus von Nazareth der Messias, der Sohn Gottes, ist. Da hatten es die Menschen damals doch viel besser, möchte man meinen. Sie konnten ihn mit ihren eigenen Augen sehen, mit ihren Ohren hören, was er sagte, die Wunder miterleben, die er tat und ihn mit ihren Händen berühren. Glücklich sind diejenigen, welche die Gelegenheit hatten, Jesus Christus leibhaftig zu begegnen, als er auf dieser Erde wandelte. Doch dies allein erweckte in den Menschen keinen Glauben an ihn.

Beim Evangelisten Johannes lesen wir: *„Er kam in die Welt, die ihm gehört, aber seine Menschen nahmen ihn nicht auf, wollten nichts von ihm wissen"* (Johannes 1,11 frei nach der NGÜ). Nicht alle, die Jesus sahen und hörten, glaubten an ihn. Kein Mensch sucht von sich aus nach Gott und entscheidet sich aus eigenem Vermögen, ihm zu vertrauen (Römer 3,11.18 NGÜ). Gott allein bewirkt in einem Menschen das Wollen und das Vollbringen (Philipper 2,13). Der Glaube an ihn ist sein Geschenk an uns (Epheser 2,8). Viele Menschen, die Jesus begegneten, wandten sich von ihm ab, manche versuchten sogar, ihn zu ermorden. Für diejenigen hingegen, die an ihn glaubten, bedeutete es ihr Lebensglück, Jesus kennengelernt zu haben.

Doch was ist mit all jenen, die nicht das Glück hatten, Jesus höchstpersönlich zu treffen, die ihn nicht mit ihren Augen sehen konnten. Glücklich sind jene, die, obwohl sie ihn nicht gesehen haben, dennoch an ihn glauben (Johannes 20,29). Wie ist das möglich? Weil Gott den Menschen sein heiliges Wort und seinen Geist gegeben hat. Wenn die Bibel ausgelegt und verkündigt wird, dann weckt der Heilige Geist in einigen der Hörer Glauben an Jesus Christus als ihren Retter und Herrn (so Römer

10,17). Glücklich sind diejenigen, die Jesus vertrauen und ihm nachfolgen, ohne ihn gesehen zu haben, allein, weil sie von ihm durch die Bibel gehört oder gelesen haben. Sie haben den höchsten Schatz ihres Lebens, ihr wahres Lebensglück, gefunden. Der Inhalt ihres Lebens ist für sie nun Christus (Philipper 1,21 NGÜ).

Fernando Manuel Costa Santos, Portugals Fußball-Nationaltrainer, überraschte in einem Interview mit dem portugiesischen Portal Expresso durch folgende Aussage:

„[1994] habe ich Jesus Christus gefunden, das war das größte Glück meines Lebens!"[79]

Kapitel 38 Das Glück, auf Gott zu harren

Glückselig alle, die auf ihn harren! (Jesaja 30,18 ElbO3)

Der Prophet Jesaja preist all jene glücklich, die auf Gott warten. Dabei ist es gar nicht so leicht, geduldig auszuharren, vor allem dann nicht, wenn sich trotz unserer Gebete scheinbar nichts bewegt, wenn Gott auf sich warten lässt und das unter Umständen seit Jahren. Mal ehrlich! Wir hätten doch am liebsten, dass alles nach unserem Zeitplan geschieht. Doch so ist es nicht im Leben. Gott hat sein eigenes Timing. Seine Gedanken sind nicht unsere Gedanken und seine Wege sind nicht unsere Wege (Jesaja 55,8). Wenn uns dies nicht klar ist, dann werden wir unweigerlich immer wieder enttäuscht und resignieren am Ende.

Wer auf Gott wartet, erfährt immer wieder einmal Gottes Schweigen, dass er seine Gebete nicht oder nicht wie erwartet erhört. Wer auf Gott harrt, der weiß davon zu berichten, dass sich Gottes Eingreifen scheinbar verzögert, dass Wünsche und Träume nicht in Erfüllung gehen und Hoffnungen sich verschieben.

In Psalm 13,2-3 fragt David: „*Wie lange noch, Herr, vergisst du mich ganz? Wie lange noch verbirgst du dein Gesicht vor mir? Wie lange noch muss ich Schmerzen ertragen in meiner Seele, in meinem Herzen Kummer Tag für Tag?*"

So hatte Gott Abraham beispielsweise versprochen, dass er einen Sohn bekommen und einmal zu einem großen

Volk werde (1. Mose 12,2 NZB[80]). Nach dieser Zusage geschah erst einmal zehn lange Jahre gar nichts. Seine Frau Sarai und er wurden älter und älter und die Möglichkeit einer Schwangerschaft wurde immer unwahrscheinlicher. Die Zeit lief ihnen davon. Aus diesem Grund nahm Abraham - auf Anregung seiner Frau - schließlich die Dinge selbst in die Hand und zeugte – was damals durchaus so üblich war – mit der Leibmagd seiner Frau einen Nachkommen, den Ismael. Der „Vater des Glaubens" konnte und wollte nicht mehr länger auf Gott warten, darauf, dass dieser seine Zusage wahrmacht. Doch Abrahams Handeln widersprach Gottes Willen und zog manches Unheil nach sich. Weitere dreizehn Jahre vergingen, bevor Gott Abraham gegenüber sein Versprechen erneuerte (1. Mose 18,10). Sara – inzwischen hochbetagt – war nicht mehr in der Lage, daran zu glauben, einmal schwanger zu werden auf natürlichem Wege und lachte deswegen. Ein weiteres Jahr später war es dann endlich so weit und Abrahams und Saras gemeinsamer Sohn Isaak erblickte das Licht der Welt (1. Mose 21). Was für eine große Freude!

Gott ist ein heiliger Gott. Er macht niemals einen Fehler. Sein Wille ist vollkommen und sein Zeitplan immer korrekt und perfekt. Er kommt „spätestens rechtzeitig". König David drückte diese Wahrheit in einem seiner Psalmen wie folgt aus: *„Gottes Weg ist vollkommen"* (Psalm 18,31). Wenn wir dies verstehen und darauf vertrauen, fällt uns das Warten auf Gott nicht mehr so schwer.
Wir leben in einer schnelllebigen Kultur. Wir wollen alles und das sofort. Was wir leben und lieben ist die unbewusste Flüchtigkeit. Die Schnelllebigkeit ist Trend. 1, 2, 3 und schon ist es fertig. Aus diesem Grund fällt uns das Warten auf Gott so überaus schwer. Das ein oder

andere Mal im Leben lässt Gott uns deshalb bewusst warten, kommen seine Antworten nur „zeitverzögert".

Was kann uns dabei helfen, auf Gott zu harren? Dass wir uns ins Bewusstsein rufen, dass Gott ein souveräner und gleichzeitig unendlich gütiger Herr ist. Dass er alles, was er will, zustande bringt. Dass er die absolute Kontrolle über jede Kreatur, jedes Ereignis und alle Umstände hat und das zu jedem Zeitpunkt in der Geschichte. Er selbst hingegen ist niemandem unterstellt, wird durch keinen beeinflusst, ist vollkommen unabhängig. Gott tut, was, wie und wann es ihm gefällt; und nichts und niemand kann ihn daran hindern.

Das bedeutet: Unser Leben und alles, was uns widerfährt, befinden sich in seiner liebevollen Hand. Gott spricht: *„Was ich geplant habe, wird sich erfüllen, und was immer mir gefällt, das führe ich aus..."* (Jesaja 46,10 NZB). Wenn Gläubige darauf warten, dass Gott auf ihr Gebet antwortet und helfend in ihrem Leben eingreift, dann tun sie dies in der Haltung eines Kindes. Dieses vertraut darauf, dass sein Vater es liebt und in der Lage ist, ihm zu helfen. Es ist niemals leicht, auf Gott zu warten. Seine Kinder tun dies im Vertrauen, dass er ihre Situation kennt. Dass er sich um ihre Bedürfnisse kümmert. Dass er es gut mit ihnen meint und alles zu ihrem Guten mitwirken lässt (Römer 8,28).

Die Zeit des Wartens selbst ist etwas Gewinnbringendes und damit ein Glück für Gläubige, weil währenddessen Gott uns in vielfältiger Weise segnet. Dies lässt sich mit der Dauer einer Schwangerschaft vergleichen. Diese neun Monate werden von der Schwangeren als beglückend erlebt. Gibt es etwas Schöneres für eine werdende Mutter, als zu wissen, dass ein neues Leben in ihrem Leib heranwächst und zu spüren, wie das Kleine strampelt?

In der Zeit, in der wir auf Gottes Eingreifen warten, wird unser Vertrauen zu Gott auf eine harte Probe gestellt. Unser Glaube kann sich so bewähren und wachsen. Außerdem lernen wir in dieser Phase, geduldig abzuwarten und uns Gottes Willen und Zeitplan vertrauensvoll unterzuordnen. Gott schenkt seinen Kindern gerade durch Wartezeiten Möglichkeiten, über ihr Leben nachzusinnen, von verkehrten Wegen umzukehren und Vergebung von ihm zu erhalten. Das Harren auf den Herrn verleiht den Glaubenden Kraft, sich mit Zuversicht und Hoffnung aufzumachen und ihrem Herrn Jesus Christus nachzufolgen.[81]

Das Glück, auf den Herrn Jesus zu warten, besteht vor allem darin, dass das, worauf man wartet, irgendwann einmal eintritt. Ich nenne es das Glück der Erfüllung. Die werdende Mama erfährt nicht nur ihre Schwangerschaft als beglückend; das tiefere Glück für sie besteht in der Vorfreude, das Baby einmal in den Händen halten und es liebkosen zu dürfen.
Für die Kinder Gottes wird die Zeit ihres Wartens ebenso einmal zu einem guten Ende kommen. Gott wird auf unser Gebet gewiss antworten, möglicherweise auf eine andere Art und zu einer anderen Zeit als wir es erhofft und erwartet haben. Gott lässt uns niemals im Stich. Jesus Christus wird einmal wiederkommen und die Seinen nach Hause holen in die Neue Welt Gottes, wo sie in Ewigkeit in ungetrübter Gemeinschaft mit ihm und Gott, dem Vater, leben und dies genießen werden (vgl. Hebräer 12,2).

„Doch sehnt sich der Herr danach, euch gnädig zu sein. Bald wird er zu euch kommen und sich wieder über euch erbarmen, denn er ist ein gerechter Gott. Wie glücklich sind alle, die auf seine Hilfe warten!" (Jesaja 30,18 Hfa)

Kapitel 39 Es liegt Kraft in dem Warten auf den Herrn

Es liegt Kraft in dem Warten auf den Herrn,
Warten auf den Herrn, Warten auf den Herrn.
Es liegt Kraft in dem Warten auf den Herrn,
Warten auf den Herrn, Warten auf den Herrn.

Denn Du regierst für immer.
Denn Du bist unser Retter.
Du bist der ewig treue Gott, der ewig treue Gott.
Du bleibst dir treu und wirst nicht müde.

Den Schwachen stehst Du immer bei,
schenkst Trost und machst uns frei.
Und wir fahren auf mit Adlerschwingen.

Du bist der ewig treue Gott, der ewig treue Gott.
Du bleibst dir treu und wirst nicht müde.
(Arne Kopfermann)[82]

Kapitel 40 Das Glück, Gott treu zu bleiben und in Christus zu sterben

Glückselig sind die Toten, die im Herrn sterben, von nun an! Ja, spricht der Geist, sie sollen ruhen von ihren Mühen; ihre Werke aber folgen ihnen nach.
(Offenbarung 14,15 SCH2000)

Glücklich zu nennen sind die, die dem Herrn bis zu ihrem Tod treu bleiben! (...) »Ja«, sagt der Geist, »sie werden sich von aller Mühe ausruhen, denn was sie getan haben, wird nicht unbelohnt bleiben.« (Offenbarung 14,15 NGÜ)

Glückselig sind die Toten? Das ist eine merkwürdige Seligpreisung. Zu sterben soll ein Glück sein, eine Glückseligkeit? Das kann nicht stimmen. Das ergibt keinen Sinn, oder? Wer von uns will schon gern sterben? Wir alle wollen leben. Wir wollen das Leben und all die Annehmlichkeiten, die es zu bieten hat, genießen. Außerdem heißt es in der Bibel, in Gottes heiligem Wort, dass der Tod der Feind des Menschen ist (1. Korinther 15,26). Irgendetwas scheint hier nicht zu passen.

Wenn wir weiterlesen, dann fällt zunehmend Licht in das Dunkel. Nicht alle Toten werden pauschal glückselig gepriesen, sondern nur diejenigen, die „im Herrn" sterben. Es gibt eine Bedingung. Es gibt zwei Arten von Menschen. Jene, die in Christus sind, und jene, die es nicht sind. Was bedeutet es, in ihm zu sein? Dass man an Jesus Christus glaubt als seinen Retter und Herrn. Dass man mit ihm verbunden ist. Dass man umgekehrt ist von seinem bisherigen, verkehrten Weg und jetzt auf dem schmalen Weg Gottes wandelt. Dass man seine Sünden bereut und bekannt hat und sie einem vergeben wurden. Dass man neues Leben von Gott erhalten hat und von ihm als sein Kind adoptiert worden ist. Lieber Leser, ich frage dich: Bist du *in* Christus, oder bist du es nicht? Hast du eine lebendige Beziehung zu ihm? Es gibt zwei Weisen, wie du sterben kannst: in Christus oder ohne ihn und damit *in* deinen Sünden (Johannes 8,24.21). Und die Konsequenz der Sünde ist der Tod, die ewige Trennung von Gott und seinem Sohn Jesus, der Quelle des Lebens (Römer 6,23).

Denen, die in Christus sterben, wird etwas Großartiges zugesagt: *„sie sollen ruhen von ihren Mühen; ihre Werke aber folgen ihnen nach."* (Vers 13) Ausruhen, wie wundervoll! Wie herrlich ist es, nach einem arbeitsreichen Tag die Beine hochzulegen und es sich gemütlich zu machen bei einem spannenden Buch oder einem Gläschen Wein. Wie erquickend ist ein Urlaub, wenn die zurückliegenden Monate anstrengend und belastend waren. Auszuruhen und die Seele baumeln zu lassen. Oder wie wohltuend ist es, wenn jemand, der von Unruhe und Ängsten geplagt wird, abends Ruhe findet und schlafen kann. Dieses Leben ist oft mühsam, das ist eine Folge des Sündenfalls (1. Mose 3,16-19). In einem Lied heißt es: „Wenn nach der Erde Leid, Arbeit und Pein, ich in die goldenen Gassen zieh ein..." Gott verspricht all jenen, die *in Christus* sterben, eine himmlische Ruhe. Das bedeutet keineswegs Untätigkeit und schon gar nicht Langeweile. Im Himmel herrscht reges Treiben, aber ohne all die Mühe und Plackerei, die wir kennen, ohne Rivalität und Feindschaft, ohne Fruchtlosigkeit und Versagen, ohne Krankheit und Leid. Wir werden dann voller Freude und unbeschwert wirken für unseren hinreißenden Gott und dies als überaus beglückend erleben.

Des Weiteren wird denjenigen, die im Herrn sterben, verheißen, dass ihr mühevolles Arbeiten nicht vergeblich sein wird. *„Ihre Werke ... folgen ihnen nach".* Das betrifft selbst die geringste Kleinigkeit, wenn man beispielsweise einem Jünger Jesu einen Becher mit kühlem und erfrischendem Wasser reicht (siehe Matthäus 10,42)[83]. Jedes aufbauende und ermutigende Wort, das wir sprechen und jede hilfreiche Tat, die wir vollbringen, wird nicht vergessen sein.

Deswegen ist es wichtig, dass wir Christus treu sind bis zum Ende. Unsere Werke sind mit unserem Tod nicht ausgelöscht und vergessen, sie werden uns vielmehr nachfolgen in die Neue Welt Gottes. Wir werden für sie Lohn erhalten. Werden es Gold und Diamanten sein oder gar ein Ehrenplatz zur Linken oder zur Rechten Jesu? Nein, das ist unser menschliches Denken. Wie dieser Lohn genau aussieht, darüber lässt uns das Wort Gottes bewusst im Unklaren. Was man aber mit großer Klarheit sagen kann: Jesus ist selbst unser größter Lohn. In einem alten christlichen Lied heißt es: „wird doch nur Jesus und Jesus allein Grund meiner Freude und Anbetung sein. Das wird allein Herrlichkeit sein, wenn frei von Weh ich sein Angesicht seh!"

Warum sind diejenigen glückselig, die *in* dem Herrn Jesus sterben. Weil sie durch ihren irdischen Tod nicht verlieren, sondern nur gewinnen. Sie werden mit dem Apostel Paulus freudig bekennen: *„Christus ist mein Leben und Sterben ist mein Gewinn."* (Philipper 1,21 LUT84) Es ist gewiss schmerzlich, Menschen, die man liebt und Dinge, die einen erfreuen, zurückzulassen. Die Verbindung eines Christen zu Jesus, seinem größten

Schatz und seinem Lebensinhalt, bleibt aber durch den Tod hindurch bestehen. Ja, mehr noch, sie wird viel inniger. In diesem irdischen Leben existiert noch eine gewisse Distanz zwischen einem Gläubigen und seinem Herrn. In der Neuen Welt Gottes dagegen wird alles, was ihn noch von Jesus trennte, für immer weggeräumt sein und er ihn von Angesicht zu Angesicht sehen. Das wird gewiss ein Moment des höchsten Glücks sein.

Kapitel 41 Wenn nach der Erde Leid

Wenn nach der Erde Leid, Arbeit und Pein
ich in die goldenen Gassen zieh ein,
wird nur das Schaun meines Heilands allein
Grund meiner Freude und Anbetung sein.

Refrain
Das wird allein Herrlichkeit sein,
wenn frei von Weh ich sein Angesicht seh!

Wenn dann die Gnade, mit der ich geliebt,
dort eine Wohnung im Himmel mir gibt,
wird doch nur Jesus und Jesus allein
Grund meiner Freude und Anbetung sein.

Refrain (Wdh.)

Dort vor dem Throne im himmlischen Land
treff ich die Freunde, die hier ich gekannt;
dennoch wird Jesus und Jesus allein
Grund meiner Freude und Anbetung sein.

Refrain (Wdh.) (Hedwig von Redern)[84]

Kapitel 42 Das Glück, Gott in Ehrfurcht zu begegnen

Glücklich zu preisen ist, wer dem HERRN in Ehrfurcht begegnet[85], wer Gottes Gebote mit Freude befolgt.
(Psalm 112,1 NGÜ)

Glücklich zu preisen ist, wer dem HERRN in Ehrfurcht begegnet (den Herrn fürchtet), wer auf den von Gott gezeigten Wegen geht. So wirst du genießen dürfen, was du mit eigenen Händen erarbeitet hast. Zu beglückwünschen bist du – gut steht es um dich! (Psalm 128,1b-2 NGÜ).

In der Bibel finden wir an vielen Stellen die Aufforderung, Gott zu fürchten. Die „Gottesfurcht" ist ein Kennzeichen des wahren Glaubens. Das ist für viele Menschen heutzutage ein merkwürdiger, irritierender, ja verstörender Gedanke. Das will so gar nicht dazu passen, dass Gott der Vater aller an Christus Glaubenden ist und sie seine Kinder sind. Gott zu fürchten bedeutet nicht, Angst vor ihm zu haben. Welcher gütige und liebevolle Vater möchte schon, dass seine Kinder sich vor ihm ängstigen?

Gott zu fürchten, ist eine innere Herzenshaltung. Sie entspringt der Erkenntnis, wer Gott ist, wie groß und hoch erhaben er ist, wie vollkommen, gerecht und allwissend und dass wir Menschen vor ihm unendlich gering und niedrig sind (Psalm 103,14; Hebräer 12,28-29). Wer Gott fürchtet, der achtet und ehrt ihn. Er naht sich Gott, um auf ihn zu hören und sich das Gehörte zu Herzen zu nehmen.[86] Er vertraut darauf, dass Gott seine Zusagen erfüllen wird, und befolgt deshalb, was er ihm aufträgt. „Die ‚Furcht Gottes' ist keine Furcht, wie wir sie verstehen. Sie ist kein Schrecken. Sie ist vielmehr äquivalent zu 'Glaube' oder 'Vertrauen' im Neuen Testament."[87]

„Gottesfurcht ist die Hochachtung vor der Größe und Autorität Gottes und das tiefe Bewusstsein seiner Heiligkeit verbunden mit dem Wunsch, ein Leben zu führen, das die völlige Zustimmung Gottes findet und seinen Willen und seine Ehre über alles zu stellen."[88]

Gewiss ist Gott der Vater all jener Menschen, die an Jesus Christus glauben, und er liebt alle seine Kinder von Herzen. Dennoch stehen wir mit ihm nicht auf ein und derselben Stufe. Dies zu meinen, wäre ein großes Missverständnis. Auch wenn Gott unser himmlischer Vater ist, so steht er doch gleichzeitig weit über uns, seinen (adoptierten) Kindern. Nur bei Jesus Christus, seinem eingeborenen Sohn, ist dies anders. Er ist Gott gleich, er ist selbst Gott in Person. Als Gottes Kinder sind wir ihm gegenüber schuldig, ihm mit Achtung, Respekt und Ehrfurcht zu begegnen.

Gott zu fürchten, bedeutet, dass wir uns bewusst sind, dass es Gottes Wille ist, dass wir als seine Kinder ein Leben führen, das ihm wohlgefällt und ihn ehrt. Dass wir uns von allem trennen, was ihm missfällt und nicht mit seinem Wesen vereinbar ist (1. Thessalonicher 4,3[89]). Wer Gott, seinen himmlischen Vater, liebt, der scheut sich davor, etwas zu unternehmen, was seiner Heiligkeit nicht entspricht und vermeidet alles, was seine Ehre beeinträchtigen könnte (Johannes 14,15.21). Er befolgt Gottes Gebote mit großer Freude.

Gottesfurcht und bleibendes Glück, wie passt das
zusammen? „Zwischen dieser Furcht und der Freude
besteht kein Spannungsverhältnis. Vielmehr ist die
zitternde ‚Furcht des Herrn' eine Art, die schiere
Intensität der Glückseligkeit der Heiligen in Gott
auszudrücken."[90]
Warum ist jemand, der Gott fürchtet und ihm in
Ehrfurcht begegnet, glücklich (zu preisen)?

• „Weil diese Furcht eine Lust am Herrn selbst hat,
beginnt sie, eine echte Freude daran zu finden, auf
seinen Wegen zu wandeln. Der Mensch, ‚der den Herrn
fürchtet', ist auch derjenige, ‚der große Freude hat an
seinen Geboten' (Psalm 112,1)." (Michael Reeves)[91]
• Weil ein Mensch, der Gott fürchtet, sich schon jetzt im
Segensraum Gottes aufhält. Er wandelt auf Gottes
Wegen. Und diese sind, so der englische Pastor Charles
Spurgeon „... glückliche, gesegnete Wege. Sie sind
entworfen von dem, der alles Glückes Inbegriff ist; sie
sind für uns gangbar gemacht durch den, in welchem uns
Gottes Heil erschienen ist; die Gesegneten des HERRN
wandeln darin; sie sind beschattet von gegenwärtigen
Segnungen und führen zur ewigen Glückseligkeit: wer
wollte nicht gerne auf solchen Wegen wandeln!"[92]
• Außerdem erfährt jeder, der an Jesus Christus als
seinen Retter und Herrn glaubt und auf Gottes Wegen
unterwegs ist, unzählige der zeitliche Segnungen Gottes:
Er wird versorgt mit allem, was er zum Leben benötigt.
Ihm werden alle seine Sünden vergeben aufgrund des
Erlösungswerkes von Gottes Sohn am Kreuz. Er erhält
Anteil an Jesu Erbe. Er kommt in den Genuss der
väterlichen Liebe. Er darf Gott allezeit nahe sein. Der
Heilige Geist nimmt Wohnung in ihm. Dieser tröstet ihn,
schenkt ihm Kraft und steht ihm in allen Lebenslagen bei.
Er befähigt ihn außerdem, nach Gottes Willen leben zu

können. Der Gläubige wird durch seinen Herrn Jesus bewahrt, damit er 100% sicher das Ziel seiner Reise erreicht. Und wenn er einmal vom Weg abgekommen ist und sich verirrt hat, läuft der gute Hirte ihm nach und bringt ihn wieder zurück zur Herde und damit auf den rechten Weg. Gott schenkt ihm Gelingen all jener Unternehmungen, die in seinem Sinne sind und vieles mehr.

• Am Ende seiner Reise erwartet den Gottesfürchtigten, denjenigen, der auf Gottes Wegen wandelt, die ewige Gemeinschaft mit seinem himmlischen Vater und Jesus Christus seinem Retter und Herrn in der Neuen Welt Gottes. Mit anderen Worten: die ewige Glückseligkeit.

„Lasst uns jene heilige kindliche Furcht des HERRN pflegen, die Kern und Wurzel aller wahren Frömmigkeit ist - jene Ehrfurcht, die sich scheut, ihn zu beleidigen, die mit allem Ernst darauf bedacht ist, ihm wohlzugefallen, die sich ihm gänzlich hingibt in stiller Ergebung und willigem Gehorsam.“ (Charles Spurgeon)[93]

Gläubige verehren und beten den lebendigen Gott an, so Spurgeon, „mit einer freudigen, zärtlichen Furcht ..., die uns sowohl niederdrückt als auch sehr hoch erhebt, denn nie scheinen wir dem goldenen Thron des Himmels näher zu sein als dann, wenn unser Geist sich der Anbetung dessen hingibt, den er nicht sieht, aber vor dessen realer Gegenwart er mit heiligem Entzücken erzittert“.[94]

Kapitel 43 Das Glück, Gott zu gehorchen

Wenn sie dann gehorchen und sich ihm (Gott) unterstellen, so werden sie ihre Tage in Glück vollenden und ihre Jahre in Wohlergehen. (Hiob 36,11)

Glücklich ist, wer Gott zu jeder Zeit gehorcht (beständig fürchtet)! Wer sich aber innerlich verhärtet, wird ins Unglück stürzen. (Sprüche 28,14)

Gehorsam zu sein, bedeutet zum einen: „sich dem Willen einer Autorität unterzuordnen" und zum andern: „als Kind die Autorität einer Respektsperson anzuerkennen und ihren Forderungen sofort und pünktlich nachzukommen".[95]

„Gehorsam" und „gehorchen" sind heute zu Reizwörtern, zu „Unwörtern" geworden mit einem ausgeprägt negativen Beigeschmack und deshalb aus dem heutigen Sprachgebrauch - selbst im christlichen Umfeld - weitestgehend verschwunden. So heißt es beispielsweise auf der Internetseite: www.die-apis.de unter dem Stichwort Gehorsam. Wohin ein „blinder Gehorsam", ein „Kadavergehorsam" führt, hat sich in unserer deutschen Geschichte am Beispiel des „Dritten Reiches" in erschreckender Weise gezeigt. Seitdem ist Gehorsam weithin moralisch kein positiver Wert mehr. Als Gegenbewegung wurden in der „68er-Revolution" alle Autoritäten, die Gehorsam forderten, wie Staat, Richter, Lehrer, Eltern und Kirche, kritisch hinterfragt und lächerlich gemacht. Es wurde eine Emanzipation, ein Befreiungsschlag von allen Arten von Autoritäten und

Abhängigkeiten erstrebt. Selbst in der Erziehung ist Gehorsam heute kein akzeptiertes Erziehungsziel mehr. Der Individualismus prägt fast alle Lebensbereiche. Die Menschen leben nach dem Motto: „Ich tue, was ich will und mir Spaß macht. Da hat mir keiner reinzureden." „Ich lebe, wie ich es für richtig halte." „Richtig ist, was mir Spaß macht." Ein Verhalten, das von Gehorsam geprägt ist, stellt keine anzustrebende Tugend mehr dar. Die drängende Lebensfrage bleibt trotz allem bestehen: Auf wen höre ich? Auf wen horche ich? Und wem gehorche ich?

Wenn das so ist, sollten Christen dann nicht lieber auf den Gebrauch der Worte „Gehorsam" und „gehorchen" komplett verzichten? Erstaunlicherweise bringt Gott in seinem heiligen Wort, der Bibel, den Gehorsam ihm gegenüber in Beziehung mit dem „Lebensglück". So heißt es im Buch Hiob: *„Wenn sie dann gehorchen und sich ihm (Gott) unterstellen, so werden sie ihre Tage in Glück vollenden und ihre Jahre in Wohlergehen"*. Wie ist das möglich?

Der puritanische Prediger Jeremiah Burroughs hilft uns, diese biblische Wahrheit besser zu verstehen und zu erfassen. In seinem Buch „Anleitung zum Glücklichsein" schreibt er: „Das wahre Glück eines Christen besteht darin, Gottes Willen zu tun. Keiner zwingt einen Christen, Gott zu gehorchen; Christen gehorchen ihm gern und stellen fest, dass sie das glücklich macht. (...) Sie willigen ein, dass Gott ihre Zukunft plant - auch dann, wenn seine Pläne ganz anders sind als das, was sie sich vorgenommen haben. Sie ziehen Gottes Pläne sogar ihren eigenen Plänen vor, weil ihnen klar ist: Gott weiß viel besser, was gut für sie ist, als sie selbst. Schließlich versteht er sie besser, als sie sich selbst verstehen! (...) Zu

wissen, dass Gott alles im Griff hat, macht einen Christen glücklich..." (Jeremiah Burroughs)[96]
Der höchste Schatz des Lebens eines Christen ist Gott selbst und sein Sohn Jesus Christus. Ihn zu kennen, an ihn zu glauben, mit ihm Gemeinschaft haben zu dürfen und sich an seiner Nähe zu erfreuen, ist für ein Gotteskind in höchstem Maße beglückend. Für einen Glaubenden ist sein Herr Jesus sein Ein und Alles, der Inhalt seines Lebens (Philipper 1,21).

Aus diesem Grund ist Glück, wie Ken Myers schreibt, „die Frucht davon, unser Leben an den Zielen Gottes für uns auszurichten."
Jesus gab folgende Zusage: „*Wenn ihr meine Gebote haltet, werdet ihr in meiner Liebe bleiben, so wie ich immer die Gebote meines Vaters gehalten habe und in seiner Liebe bleibe. Ich sage euch das, damit meine Freude euch erfüllt und eure Freude vollkommen ist. (...) Ihr seid meine Freunde, wenn ihr tut, was ich euch gebiete.*" (Johannes 15,10–11.14 NGÜ).
In unserem Gehorsam gegenüber den Geboten Gottes kommt unsere Liebe zum himmlischen Vater und zu Jesus Christus zum Ausdruck.
„Das Streben nach solch einer beständigen Treue und nicht nur nach beständigem Spaß ist der wahre Weg zu menschlichem Glück." (Ken Myers)

„Es genügt nicht für unsere Glückseligkeit, dass wir die Schriften lesen und hören; wir müssen auch „bewahren, was darin geschrieben steht." (Matthew Henry)[97]

Kapitel 44 Das Glück, ein heiliges Leben zu führen und Gott zu gehorchen

Der Begriff „heilig" steht in unterschiedlichen Formen über 900 Mal in der Bibel. Gott ist heilig[98] und diejenigen, die an ihn glauben, werden aufgefordert, heilig zu leben bzw. sich zu heiligen[99].

Seid dem Sündenfall ist der Mensch aber von sich aus – aus eigener Kraft – nicht mehr in der Lage, Gott wohlgefällig zu leben. Für sein unheiliges, sündiges Leben wird er deshalb einmal von Gott zur Rechenschaft gezogen werden. Der Lohn der Sünde ist der Tod, die ewige Trennung von Gott (Römer 6,23). Weil Gott uns aber liebt und ein Interesse daran hat, dass wir in Gemeinschaft mit ihm leben, sandte er seinen Sohn Jesus Christus zu uns auf diese Erde. Dieser führte das heilige Leben, welches wir zu leben verpflichtet waren, und zwar stellvertretend für uns. Außerdem nahm er die Strafe für unser unheiliges Leben auf sich.
Allen, die an ihn glauben und das, was er für sie erwirkt hat, für ihr Leben annehmen, gibt er Anteil an seiner Heiligkeit, ohne dass sie es verdient haben. Als solche sind sie aufgefordert, sich zu heiligen, das heißt, dem Vorbild ihres Herrn Jesus nachzueifern in der Kraft, die der Heilige Geist ihnen verliehen hat.

Gottes Ziel für das Leben eines Christen ist Freude und nicht etwa Schinderei, so der christliche Autor und Sprecher Jerry Bridges.[100] Die Vorstellung, dass Heiligkeit mit einer mürrischen Haltung verbunden ist, stelle, so

Bridges, eine Karikatur der schlimmsten Art dar. Nur derjenige, der den Weg der Heiligung gehe, erfahre wahre Freude.

Jesus sagte einmal zu seinen Freunden: *„Wenn ihr meine Gebote haltet, werdet ihr in meiner Liebe bleiben, so wie ich immer die Gebote meines Vaters gehalten habe und in seiner Liebe bleibe. Ich sage euch das, damit meine Freude euch erfüllt und eure Freude vollkommen ist.“* (Johannes 15,10–11 NGÜ). Erstaunlicherweise lehrt Jesus hier, dass Freude eine Folge des Gehorsams Gott gegenüber ist. Nur diejenigen, die danach trachten, Gott in allem zu gehorchen, die ein heiliges Leben zu ihrem Lebensstil machen, werden die Freude, die von Gott kommt, erfahren.

1. Die Freude der Gemeinschaft mit Gott

In Psalm 16,11 spricht König David von dieser Freude: *„Du zeigst mir den Weg zum Leben. Dort, wo du bist, gibt es Freude in Fülle; ´ungetrübtes` Glück hält deine Hand ewig bereit.“* (NGÜ).

Wahre Freude und Glück kommen allein von Gott. Er teilt sie mit denen, die in Gemeinschaft mit ihm wandeln, die dort sind, wo er ist.

Als König David mit Bathseba die Ehe gebrochen und ihren Mann hatte ermorden lassen, verließ ihn Gottes Freude, weil er die Gemeinschaft mit Ihm durch seine Sünde verlassen hatte. Später bereute er sein Handeln, ersuchte Gott um Vergebung, kehrte von seinem verkehrten Weg um und bat Gott: *„Gib mir wieder die Freude an deinem Heil, und stärke mich mit einem willigen Geist!“* (Psalm 51,14 SCH2000). Ein Leben des Ungehorsams Gott gegenüber kann kein Leben der Freude sein.[101]

2. Die Freude des Gehorsams Gott gegenüber

Es erfüllt einen Christen mit Freude, wenn er Gott auf
einem bestimmten Gebiet nicht länger widersteht, wenn
er ihm gegenüber wohlgefällig lebt und ihn durch sein
Leben ehrt. Diese Freude strahlt dann besonders hell auf,
wenn es einem Gotteskind nach einem längeren Kampf
gelungen ist, einer hartnäckigen Sünde, die ihn zuvor im
Griff hatte, den Rücken zu kehren.

3. Die Freude des zu erwartenden Lohns

Im Brief an die Hebräer heißt es: *„Darum wollen denn
auch wir, die wir von einer solchen Wolke von Zeugen
umgeben sind, alle Last ablegen und die Sünde, die uns so
leicht umgarnt. Wir wollen mit Ausdauer laufen in dem
Wettlauf, der noch vor uns liegt, und hinschauen auf den,
der unserem Glauben vorangeht und ihn vollendet, auf
Jesus, der im Blick auf die vor ihm liegende Freude das
Kreuz erduldet, die Schande gering geachtet und sich zur
Rechten des Thrones Gottes gesetzt hat.“* (Hebräer
12,1–2 NZB).
Die Vorfreude auf den Lohn, der ihn bei seinem
himmlischen Vater erwartete, motivierte Jesus dazu, die
Leiden des Kreuzes auf sich zu nehmen.
In dem Gleichnis von den anvertrauten Talenten sprach
der Herr zu den beiden Knechten, die mit dem ihnen
anvertrauten Geld gearbeitet hatten: *„Recht so, du guter
und treuer Knecht! [...] geh ein zur Freude deines Herrn!“*
(Matthäus 25,21.23).
Als Christen dürfen wir uns darauf freuen, einmal in die
Freude des Herrn einzugehen. Das motiviert uns dazu,
ein Leben zu führen nach Gottes Willen. Die Freude eines
derartigen Lebenswandels ist unermesslich
befriedigender und beglückender, als die kurzlebigen

Freuden eines Lebens auszukosten, welches den eigenen Begierden folgt.

Ein heiliges Leben zu führen, ist für einen Christen eine unermesslich große Freude und im Höchstmaß beglückend. Zum einen lebt der Glaubende dann in Gemeinschaft mit Gott und seinem Sohn Jesus, die er von ganzem Herzen liebt. Zum anderen gibt er Gott auf diese Weise die ihm gebührende Ehre. Zusätzlich darf er sich auf den zukünftigen Lohn freuen, den Gott für all jene bereithält, die ihm treu sind. Für ein Gotteskind gibt es gewiss nichts Schöneres und Herrlicheres, als wenn sein Herr am Ende zu ihm spricht: *„Recht so, du guter und treuer Knecht! [...] geh ein zur Freude deines Herrn!"*

Kapitel 45 Das Glück, Gott zu dienen

Wenn sie bereit sind zu hören und Gott zu dienen[102], werden sie ihre Tage im Glück verbringen und ihr Leben im Wohlergehen vollenden. (Hiob 36,11 NLB)

Glücklich ist, wer Gott fürchtet und ihm dient.
Ihr, meine Kinder, lernet, deinem Herrn Gaben zu bringen, damit ihr euch des Lebens erfreuet! (slawHen 42,6)

Christen sind nach dem Zeugnis der Heiligen Schrift Diener Gottes.[103] Das ist ihre Bestimmung.[104] Sie werden des Öfteren in Gottes Wort dazu aufgefordert, ihm mit Ehrfurcht zu dienen, aber gleichzeitig voller Freude und Jubel.
„Dient dem HERRN mit Freuden, kommt vor sein Angesicht mit Jubel." (Psalm 100,2 NZB)
„Dient dem HERRN mit Ehrfurcht, und freut euch (frohlockt) mit Zittern!" (Psalm 2,11)
Die Heilige Schrift lässt keinen Zweifel daran, dass jeder, der in einer lebendigen Beziehung zu Gott steht und ein Gotteskind ist, ihm dienen wird.

Doch warum macht es einen Christen glücklich, Gott zu dienen?

1. Weil Gott das wundervollste Wesen des Universums ist, mit einem Charakter von unvergleichlicher Schönheit und Reinheit, überreich an Barmherzigkeit, Gnade, Geduld und Güte (Psalm 103,8; 145,8). Einem so großartigen Herrn dienen zu dürfen, ist für einen

Gläubigen überaus beglückend. Dass Gott jemanden in seinen Dienst beruft, ist alles andere als selbstverständlich und erfüllt die Berufenen mit tiefer Freude und Dankbarkeit (Matthäus 20,1-16).

2. Weil ein Christ, wenn er Gott (und den Menschen) dient, es seinem Herrn und Retter Jesus gleichtut. Jesu gesamtes Leben war darauf ausgerichtet, Gott zu dienen, indem er Menschen dazu aufrief, umzukehren von ihrem verkehrten Weg und an das Evangelium zu glauben (Markus 1,14).

3. Weil jemand, der Gott dient, dadurch teilhat an der großen Mission Gottes, an der Realisierung seiner Anliegen und Pläne in dieser Welt. Durch seinen Dienst leistet der Christ einen Beitrag zur Ausbreitung der Herrschaft Gottes und der Rettung von Menschen. Das gibt seinem Leben Sinn und Bedeutung.

4. Weil ein Diener Gottes am Ende einen überaus kostbaren Lohn für seine Arbeit erwarten darf.
„Und alles, was ihr tut, das tut von Herzen, als für den Herrn und nicht für Menschen, da ihr wisst, dass ihr von dem Herrn zum Lohn das Erbe empfangen werdet; denn ihr dient Christus, dem Herrn!" (Kolosser 3,23-24 SCH2000)

"Christen werden dadurch glücklicher, dass sie Gott da dienen, wo sie gerade sind - und nicht dadurch, dass sie sich ausstrecken nach den Dingen, die sie nicht haben..." (Jeremiah Burroughs)[105]

Kapitel 46 Das Glück (geistlich) zu trauern

Glücklich zu preisen sind die, die trauern; denn sie werden getröstet werden. (Matthäus 5,4 NGÜ)

Nach den Maßstäben dieser Welt ist die Definition von Glück, die Jesus hier gibt, schockierend und lächerlich. Sie widerspricht all unserer menschlichen Erfahrung. Glücklich ist doch nicht der Trauernde, sondern derjenige, der etwas Erfreuliches erlebt, der Spaß hat und sich allen negativen Gefühlen und Regungen gegenüber verschließt. Viele Menschen haben eine Art „Freizeitpark-Mentalität". Sie investieren eine Menge Zeit und Geld für Unterhaltung, Spaß und Vergnügen. Sie streben danach, ihr Leben in vollen Zügen zu genießen. Aus diesem Grund vermeiden sie alles, was ihre Stimmung trüben könnte. Die Lebensphilosophie dieser Welt lautet: Tue alles, was du kannst, um Leid und Traurigkeit aus dem Weg zu gehen.

Im Gegensatz dazu warnt Jesus vor dem vordergründigen Gelächter, der Ausgelassenheit und dem vermeintlichen Glück: „*Wehe euch, die ihr jetzt lacht, denn ihr werdet trauern und weinen!*" (Lukas 6,25 SCH2000). Gleichzeitig verheißt er Segen, Lebensglück und Freude gerade denjenigen, welche leiden und trauern. Das verstört. Wie ist es möglich, dass ein Trauernder glücklich ist? Das ist doch ein Widerspruch in sich selbst. Geht es Jesus hier möglicherweise um eine andere Art von Trauer?

Menschliche Trauer ist eine natürliche Gemütsbewegung. Verschiedenstes kann uns traurig machen: Der Verlust eines lieben Menschen, der eigenen Gesundheit oder des Arbeitsplatzes, ebenso Liebeskummer, Enttäuschungen oder Einsamkeit. Trauer ist eine Gabe Gottes. Der Schöpfer hat uns Menschen mit der Fähigkeit zu trauern ausgestattet. Trauer hilft uns dabei, Leid und Schmerz zu verarbeiten, um dann nach einer - individuell unterschiedlichen - Zeitspanne, wieder zurück ins Leben zu finden. Doch aus welchem Grund ist gerade derjenige, der einen Verlust zu betrauern hat, glücklich? Das leuchtet nicht ein. Offenbar spricht der Herr Jesus hier nicht von Menschen, die aus natürlichen Gründen Leid tragen und trauern.

Es geht ihm um eine andere Art von Trauer, ein geistliches Leiden und Trauern, ein „Leiden in geistlicher Hinsicht". Der Evangelist Matthäus lässt uns über den konkreten Grund für die Trauer und darüber, wie die Tröstung aussehen wird, im Unklaren.
Der Kirchenvater Augustinus ist davon überzeugt, Jesus habe hier die Trauer über den Verlust von Dingen dieser Welt, die wir liebgewonnen haben, im Blick. Menschen, die zum Glauben kommen, sich bewusst von dem abwenden, was bisher ihr Leben ausmachte und sich Gott zuwenden, verspüren zu Anfang ihres Glaubenswegs Trauer über den Verlust des Bisherigen. Mit der Zeit werden ihnen diese Dinge aber immer unwichtiger, weil sie mehr und mehr erkennen, dass das, was Gott ihnen geschenkt hat, ungleich herrlicher und kostbarer ist, als alles, was sie zurückgelassen haben.
Andere Bibelausleger gehen davon aus, es gehe hier um die Trauer, die im Leben eines Christen aufkommt, wenn er erkennt, wo in seinem Leben überall noch Sünde zu finden ist. Wenn eine Person zum Glauben an den Herrn Jesus kommt, kommt der Heilige Geist wie ein Scheinwerfer, leuchtet in das Herz der Menschen und

lässt sie all den Schmutz und die Sünde in ihrem Leben erkennen. Das macht ein Gotteskind betrübt und bestürzt und ruft eine tiefe Trauer in ihm hervor.
Derjenige, so lehrt es Jesus, ist wahrhaft glücklich, der darüber traurig und betrübt ist, dass er so erschreckend oft gegen Gottes Gebote handelt und ihn durch sein Leben verunehrt, anstatt ihn zu verherrlichen.

Worin besteht das Glück dieser Trauer über die eigene Sünde? Beim Apostel Paulus finden wir eine Antwort auf unsere Frage. In seinem zweiten Brief an die Korinther schreibt er Folgendes: *„… ein Schmerz[106], wie Gott ihn haben will, bringt eine Umkehr hervor, die zur Rettung führt und die man nie bereut.“* (2. Korinther 7,10 NGÜ) Wenn wir betrübt und betroffen sind über unsere Sünden, dann bewegt uns dies dazu, von unseren verkehrten Wegen umzukehren, Gott unsere Schuld zu bekennen und ihn um Vergebung zu bitten. Wer so handelt, dem vergibt Gott seine Sünden und reinigt ihn von aller Ungerechtigkeit (vgl. 1. Johannes 1,9; Sprüche 28,13). Er erfährt, wie barmherzig Gott ist.

Als König David seine Sünde erkannt und bekannt hatte, verkündete er mit großer Freude: *„Glücklich zu preisen ist der Mensch, dem seine Treulosigkeit Gott gegenüber vergeben und dessen Sünden zugedeckt sind. Ja, der ist wahrhaft glücklich zu nennen, dem der HERR die Schuld nicht anrechnet und der durch und durch aufrichtig ist.“* (Psalm 32,1-2 NGÜ). Derjenige, der begriffen hat, dass Gott ihm seine Sünden vergeben hat, ist ein wahrhaft glücklicher Mensch. Dass nichts mehr zwischen uns und unserem Vater im Himmel steht und wir in ungetrübter Gemeinschaft mit ihm leben, das ist für ein Gotteskind das wahre Glück.

Wie gehst du mit Sünden in deinem Leben um? Leugnest oder ignorierst du sie? Versuchst du, sie zu verbergen? Machst du jemand anderen dafür verantwortlich? Versuchst du, sie zu rechtfertigen? Schwächst du sie ab? Verharmlost du sie? Oder betrauerst du sie und bekennst sie deinem Gott?

„Glücklich zu preisen sind die, die trauern (wegen ihrer Sünden); denn sie werden getröstet werden."

Kapitel 47 Das Glück wach(sam) und vorbereitet zu sein

„Vergesst es nicht: Ich komme so unerwartet wie ein Dieb", ,sagt der Herr'. „Glücklich, wer wach bleibt und seine Kleider anbehält! Dann wird er, ,wenn ich komme,' nicht nackt dastehen und sich nicht schämen müssen."
(Offenbarung 16,15 NGÜ)

Glücklich zu preisen sind die Diener, die der Herr wach und bereit findet, wenn er kommt. Ich sage euch: Er wird sich ´einen Schurz` umbinden und sie zu Tisch bitten, und er selbst wird sie bedienen. (Lukas 12,37 NGÜ)

Das Wort Gottes ruft Gläubige wiederholt dazu auf, zu wachen bzw. wachsam zu sein.
Aus welchem Grund sollen Christen sich derart verhalten?

1. Weil der Widersacher Gottes, der Satan, immer und überall aktiv ist und versucht diejenigen, die an Jesus Christus als ihren Retter und Herrn glauben, vom Weg des Glaubens abzubringen, so dass sie das Ziel nicht erreichen und verlorengehen (1. Petrus 5,8-9). Gerade dann, wenn alles in unserem Leben glatt läuft und wir unsere größten Erfolge zu vermelden haben oder wenn wir müde und erschöpft sind, sind wir besonders gefährdet.

2. Weil falsche Lehrer unterwegs sind, die Streit und Spaltung in die Gemeinden bringen. Sie versuchen mit List und Tücke, die Glaubenden dazu zu verführen, dem Wort Gottes zu misstrauen und stattdessen einem anderen, falschen Evangelium zu folgen (Apostelgeschichte 20,29-31).

3. Weil im Herzen der Christen, obwohl sie neue Geschöpfe sind, noch immer ihr alter Mensch lebt. Dieser versucht, sie dazu zu bewegen, in ihr vorheriges gottloses Leben zurückzukehren (Matthäus 26,41).

4. Weil wir als Gläubige schwach und leicht verführbar sind. Deshalb ist es wichtig, dass wir im Gebet füreinander wachen und für all jene eintreten, die in ihrem Gottvertrauen angefochten werden (Epheser 6,18).

5. Schließlich sind Christen aufgerufen, zu wachen bzw. wachsam zu sein, **weil der Herr Jesus einmal wiederkommen wird, damit er sie bei seiner Ankunft vorbereitet findet** (Matthäus 24,42-44).

Wie können Gläubige wach(sam) bleiben?
• Indem sie regelmäßig im Gebet Gemeinschaft mit Gott pflegen (Epheser 6,18).
• Indem sie tagtäglich, ausgiebig Gottes heiliges Wort, die Bibel, betend lesen und erforschen.
• Indem sie regelmäßig den Gottesdienst besuchen und mit anderen Christen Gemeinschaft pflegen.
• Und indem sie die Aufgaben, die der Herr Jesus ihnen aufträgt, zu seiner vollsten Zufriedenheit erledigen (Matthäus 24,46) und so leben, wie es ihm wohlgefällt. Indem sie seiner Stimme folgen und seinen Geboten gehorchen.

Worin besteht das Glück des Lebens eines Christen, das von Wachsamkeit geprägt ist? Weshalb ist derjenige, der wacht, glücklich (zu preisen)?

• Ein wachsames Gotteskind wird sich nicht in die Versuchung hineinbegeben und darin umkommen. Es wird vielmehr das Ziel seines Glaubensweges erreichen, mit seinem Herrn Jesus in ungetrübter, ewiger Gemeinschaft zu leben in seiner neuen Welt und sich für immer an ihm zu erfreuen (Matthäus 26,41).
• Ein Christ, der wacht, wird den Verführungen des Widersachers Gottes nicht nachgeben, nicht dem Glauben absagen und nicht zugrunde gehen, sondern auf dem schmalen Weg Gottes bleiben (1. Petrus 5,8).
• Er wird auf seine Kleider (des Heils)[107] achtgeben und deshalb am Ende nicht nackt vor Gott stehen (Offenbarung 16,15). Wer wachsam ist, hält an dem Heil, was ihm von Gott geschenkt wurde, fest, selbst dann, wenn er versucht wird, und kann deshalb vor den Augen Gottes bestehen.
• Einen solchen Menschen wird der Herr Jesus über all seine Güter setzen, damit er über sie regiere (Matthäus 24,47).
• Er wird teilnehmen an der Hochzeitsfeier seines Bräutigams Jesus.
• Er hat das Vorrecht, in unmittelbarer Gegenwart seines Herrn zu verbringen und vertrauteste Gemeinschaft mit ihm zu pflegen (Matthäus 25,10).
• Weil seine Knechte, ohne zu ermüden, wach bleiben und ihm treu dienen, wird er sie „nicht wie Knechte, sondern wie Freunde und Genossen behandeln, wenn er kommt, und ihnen das Mahl bereiten, bei dem er selbst sie bewirten wird. Auch wenn Jesus an seine Herrlichkeit denkt, kommt seine Freude ans Licht, die Seinen zu

begaben und zu erhöhen.“[108] (Vgl. Lukas 12,37). Das wird im höchsten Maße erfüllend und beglückend sein.

Kapitel 48 Das Glück, nach Gerechtigkeit zu dürsten

Glücklich zu preisen sind die, die nach der Gerechtigkeit hungern und dürsten; denn sie werden satt werden. (Matthäus 5,6 NGÜ)

Jesus preist jene glücklich, die nach Gerechtigkeit streben. Was sind das für Menschen und von was für einer Gerechtigkeit spricht der Sohn Gottes hier?

Geht es ihm hier um eine allgemeine Gerechtigkeit und Moral oder um eine persönliche Gerechtigkeit? „Gerechtigkeit bezeichnet die Ansichten, die von einem Einzelnen als gerecht angesehen werden. Außerdem beschreibt sie das Verhalten eines Menschen gegenüber seinen Mitmenschen. Sie ist damit ein Grundwert im gemeinsamen Zusammenleben von Personen."[109] Gerechtigkeit wird heute allgemein als Grundsatz eines Verhaltens aufgefasst, das jedem Menschen gleichermaßen sein Recht gewährt.
Der Zusammenhang, in dem diese vierte Seligpreisung steht, deutet darauf hin, dass es sich hier um eine andere Art von Gerechtigkeit handelt. „In der Bibel hat die Gerechtigkeit ... immer Gott selbst als Ausgangspunkt und Ziel."[110]

Derjenige, der nach Gerechtigkeit hungert und dürstet, sehnt sich danach, frei zu werden von der Sünde in seinem Leben, weil er erkannt hat, dass sie es ist, die ihn von Gott trennt (Jesaja 59,2). Er besitzt das starke

Verlangen, dass die zerstörte Beziehung zwischen ihm und Gott wieder in Ordnung kommt.

Gleichzeitig trachtet er danach, frei zu werden von jener Macht, die ihn immer wieder dazu bringt, gegen Gott und seinen Willen zu handeln und ohne ihn und unabhängig von ihm zu leben. Er leidet darunter, dass er so erschreckend oft etwas macht, was Gott missfällt und ihm durch sein Leben Unehre bereitet.

Nach Gerechtigkeit zu hungern und zu dürsten, ist letztlich nichts anderes als das intensive Verlangen, Jesus immer ähnlicher zu werden, so zu sein, wie er ist (Philipper 2,5), heilig zu sein wie Gott heilig ist (1. Petrus 1,15).

Heutzutage weiß man in unserem Land nicht mehr, was es bedeutet, zu hungern und dürsten. Hunger zu haben, ist schon belastend, aber heftigen Durst zu verspüren, dehydriert zu sein, am Verdursten zu sein, das ist eine Qual. Der Psalmist bringt dies anschaulich zum Ausdruck: *„Wie ein Hirsch schreit nach Wasserbächen, so schreit meine Seele, o Gott, nach dir! Meine Seele dürstet nach Gott, nach dem lebendigen Gott"* (Psalm 42,2-3a SCH2000[111])

Vielleicht lässt sich dies vergleichen mit der Sehnsucht, die ein Mensch hat, einen Partner zu finden, mit dem er sein Leben teilen kann. Auch die Liebe kennt diese Art von Hunger und Durst. Der schier unerträgliche Wunsch eines Liebenden, bei dem zu sein, den er liebt und von dem er getrennt ist, lässt ihn nicht eher ruhen, bis beide endlich wieder zusammen sind.

Nach Gerechtigkeit zu hungern und zu dürsten, bedeutet, zu erkennen, dass man vollkommen von Gott abhängig ist. Dass man ohne ihn nicht zu leben vermag. Dass man ihm nichts zu bringen vermag, vielmehr mit leeren Händen und bettelarm vor ihm steht (Matthäus 5,3).

Doch warum sind jene, die verzweifelt danach hungern und dürsten, so zu sein wie Jesus, glücklich? Worin besteht ihr Lebensglück?

Darin, dass sie satt werden, dass sie das erlangen, wonach sie sich sehnen. Diese Sättigung ist von Anfang bis Ende Gottes unverdientes Geschenk und erfolgt nach der Aussage Jesu sofort. Sofern du dich nach Gerechtigkeit sehnst, danach, Jesus immer ähnlicher zu werden, so zu sein wie er, vergibt Gott dir umgehend all deine Schuld. Er macht dich annehmbar vor ihm, rein und heilig, indem er dir die vollkommene Gerechtigkeit seines Sohnes Jesus zurechnet. Diesen Vorgang nennt man Rechtfertigung. Von da an sieht Gott nicht mehr deine Sünden und dein Versagen, sondern Jesus in dir.

Außerdem schenkt Gott dir ein vollkommen neues Leben. Die Bibel bezeichnet dies: „von neuem geboren werden" (Johannes 3,3). Der Heilige Geist nimmt in dir Wohnung und fängt umgehend damit an, dein Leben umzugestalten in das Bild Jesu Christi. Er befreit dich von dem Schmutz, der deinem Leben durch die Sünde anhaftet und von der Macht, die die Sünde auf dein Leben ausübt und die dich immer wieder dazu bringen will, gegen Gott und seinen Willen zu handeln. Weil der Heilige Geist in einem Christen sowohl das Wollen als auch das Vollbringen bewirkt (Philipper 2,13), wirst du fähig, den Versuchungen des Feindes erfolgreich zu widerstehen.

Darüber hinaus kennt die Bibel eine Art von „Sättigung", die in der Zukunft liegt. Diejenigen, die an Jesus Christus als ihren Herrn und Retter glauben, werden einmal satt werden in einer absoluten und vollkommenen Weise.

Wenn der Herr Jesus wiederkommt, werden alle, die (zu) ihm gehören, vollkommen neue Menschen sein (1. Korinther 15,42-44). Sie werden das Glück haben, in "makelloser Schönheit", *"heilig und untadelig und ohne Flecken und Runzeln oder irgendeine andere Unvollkommenheit"* vor Gott treten zu dürfen (Epheser 5,27 NGÜ) und in ungetrübter, ewiger Gemeinschaft mit ihm zu leben und sich an ihm zu erfreuen. Das ist gewiss höchstes Glück.

Kapitel 49 Das Glück, gerecht zu handeln

So spricht der HERR: Wahrt das Recht und übt Gerechtigkeit! Denn meine Rettung ist bereit zu kommen[112], und meine Gerechtigkeit, offenbart zu werden. Glückselig der Mensch, der dies tut, und das Menschenkind, das hieran festhält: der den Sabbat hält, dass er ihn nicht entweihe, und seine Hand davor bewahrt, irgendetwas Böses zu tun! (Jesaja 56,1-2 Elb03)

Glücklich zu preisen sind alle, die sich an das Recht halten, die gerecht handeln zu jeder Zeit. (Psalm 106,3 NGÜ)

Die 70-jährige babylonische Gefangenschaft Israels neigt sich dem Ende zu. Jesaja sieht einen Teil seines Volkes in ihre Heimat zurückkehren. Die lange Gefangenschaft hat sie zu der Erkenntnis gebracht, dass sie selbst durch ihr Verhalten Schuld an ihrer Misere waren. Immer wieder hatten sie Gottes gute Gebote übertreten. Aber und abermals waren sie ihm untreu gewesen und anderen Göttern nachgelaufen. Außerdem hatten sie die Armen und Schwachen unterdrückt und ausgebeutet. Habgier, Bestechlichkeit und Machtmissbrauch waren überall zu finden. Gottes Gericht traf sie zu Recht. Sie hatten es verdient. Erst im Nachhinein wurde ihnen das schmerzlich bewusst. Über einen langen Zeitraum hatte der gütige Gott sie immer und immer wieder dazu aufgefordert, von ihren verkehrten Wegen umzukehren. Nun ermöglicht er ihnen die Rückkehr in ihre Heimat und schenkt ihnen so einen Neuanfang. Sie stehen vor der

Herausforderung, aus der wiedergewonnenen Freiheit, ihr Leben neu zu gestalten. Dafür gibt Gott ihnen gleich zu Beginn dieses Neuanfangs seine Weisungen und Gebote an die Hand. Jesaja zählt auf, was Gott alles angeordnet hat: *„Wahrt das Recht und übt Gerechtigkeit!"* (Vers 1) Haltet den Sabbat! Haltet nicht allein die äußerliche Ruhe ein! Ruht von euren Werken und der täglichen Handarbeit und nutzt diese Zeit, um euch in Gottes Wort zu vertiefen. Hütet euch davor, Böses zu tun! (Vers 2) Begeht kein Unrecht gegen euren Nächsten an seinem Leib, seinem Besitz oder seinem guten Ruf! Hütet euch davor, irgendetwas zu unternehmen, das Gott missfällt und mit dem ihr eurer eigenen Seele schadet. Befolgt stattdessen Gottes Gebote und stellt diese wieder in das Zentrum eures Lebens! Mit diesen Worten legte Gott den Grundstein für den Neubeginn seines Volkes in der Heimat.

Weil dessen Befreiung durch den Herrn unmittelbar bevorsteht, weil Gottes Rettung und Gerechtigkeit durch den Messias Jesus Christus nahe herbeigekommen sind (Jesaja 51,5), ist sein Volk aufgefordert, ein Leben zu führen, das dieser Tatsache gerecht wird. Die Israeliten und ebenso wir sollten uns für diesen großen und herrlichen Tag qualifizieren und uns auf ihn vorbereiten, so der englische Pastor Matthew Henry[113]. Die Aussicht auf das herrliche Kommen Jesu Christi motiviert ein Gotteskind, auf dem Weg der Gerechtigkeit zu wandeln und zu tun, was recht ist in Gottes Augen.

„Weil Gottes rettendes Eingreifen vor der Tür steht, ist dieses Bewahren keine ‚gesetzliche Quälerei', es ist das erwartungsvolle Festhalten am Wort Gottes. Doch dieses Festhalten am Verheißungswort Gottes hat ganz bestimmte praktische Konsequenzen – das ist das Neue, das Jesaja nunmehr verkündigt."[114]

Wer dem Wort Gottes vertraut und *„Recht und Gerechtigkeit übt"*, wird vom Propheten Jesaja glücklich gepriesen. Ein solcher Mensch ist wahrhaft glücklich. Dabei ist dieses Wort nicht allein auf das Volk Israel beschränkt, es schließt vielmehr alle ein, die danach trachten, nach dem Willen Gottes zu handeln. Der Weg zu einem wahrhaft glücklichen und erfüllten Leben besteht darin, gerecht zu handeln und Gottes Gebote zu befolgen. Wer sich so verhält, lebt im Einklang mit Gott und dessen Willen. Er vertraut ihm, dass er als der Schöpfer uns besser kennt, als wir uns selbst und genau weiß, was gut für uns ist. Wer danach trachtet, ein gerechtes Leben zu führen, kommt hinein in die Bestimmung, die Gott seinem Leben gegeben hat. Dies geht einher mit der Erfahrung wahren Lebensglücks.

Selig sind alle Gerechten, selig sind alle, die auf dem Wege der Gerechtigkeit wandeln und nicht sündigen wie die Sünder in der Zählung aller ihrer Tage... . (äthHen 82,4)

„Von dem König Ludwig von Frankreich habe ich gelesen, er habe einmal aus Unbedacht einen ungerechten Richterspruch abgegeben, alsbald aber, da er die Worte des Psalmisten gelesen: *‚Wohl dem, der immerdar Recht tut‘*, sich besonnen und nach nochmaliger Überlegung das Urteil gerade entgegengesetzt gefällt." (Thomas Brooks)

Kapitel 50 Das Glück, um der Liebe zum Mitchristen Verzicht zu üben

Behandle deine Überzeugung in diesen Dingen als eine Angelegenheit zwischen dir und Gott.
Glücklich zu nennen ist der, der sich in Fragen der persönlichen Überzeugung so verhält, dass er sich nicht selbst anzuklagen braucht. (Römer 14,22 NGÜ[115])

Worum geht es in diesem Vers aus dem Brief des Apostels Paulus an die Christen in Rom? Es gab dort Gläubige, die es ablehnten, Fleisch zu essen, das ihnen von Nichtchristen oder Mitchristen angeboten wurde, weil es ihnen faktisch unmöglich war, zu beurteilen, ob dieses Fleisch[116] tatsächlich „rein" ist.[117] Das Hauptproblem unter den Christen in Rom sah Paulus in der Haltung der so genannten „Starken", d.h. derjenigen, die der Überzeugung waren, *alles* essen zu dürfen. Sie verachteten[118] jene, die dies nicht taten.
Wenn man eine Überzeugung oder Verhaltensweise eines anderen Menschen kritisch beurteilt und ablehnt, steht man in der Gefahr, den anderen insgesamt als Person bzw. als Bruder[119] abzulehnen und ihn unter Druck zu setzen, entgegen seiner Überzeugung zu handeln. Dadurch verletzt man seinen Glaubensbruder oder richtet ihn gar zugrunde.[120] Das darf niemals geschehen.[121]
Gleichzeitig ermahnt Paulus jene Christen, die nicht alles essen, ihre Glaubensgeschwister, die in dieser Frage anders handeln, nicht schlecht zu machen, zu richten oder gar zu verurteilen.

Beide Gruppen gehören als „Söhne" und „Erben" zu Gottes Familie[122]. Sie sind Gottes geliebte „berufene Heilige", für die es keine Verurteilung gibt. Es ist nicht entscheidend, wie man sich im Blick auf die Speisegebote des Gesetzes verhält, sondern, dass man vor Gott angenommen ist.[123] Es ist nicht relevant, ob man alles isst oder aus Scheu davor, dass das Fleisch nicht koscher sein könnte, nur bestimmtes Fleisch oder überhaupt keins isst.

Der so genannte „Starke" soll, so der Apostel Paulus, seine Überzeugung in diesen Angelegenheiten als etwas zwischen ihm und Gott behandeln, selbst dann, wenn sie Gottes Wohlgefallen findet. Er soll sie für sich behalten und nicht kämpferisch und provokativ in den Versammlungen der Gemeinde vertreten. Wenn der Starke Rücksicht nimmt auf den Schwachen, dann wird seine Überzeugung dadurch nicht beeinträchtigt. Im Gegenteil: Derjenige, der aus der Liebe zum Glaubensbruder freiwillig auf etwas verzichtet, wird seliggepriesen, ist wahrhaft glücklich.

Der Starke hält es für „richtig", alles essen zu dürfen, nachdem er den Sachverhalt und die damit zusammenhängenden Fragen geprüft hat. Ihm ist gleichzeitig klar, dass seine Freiheit, alles zu essen, manchen Mitchristen schadet. Wenn er deshalb auf den Verzehr von Fleisch verzichtet, dann muss er „sich nicht selbst" richten. Er darf die Gewissheit haben und sich freuen, dass er glücklich ist und es ihm gutgeht. Wenn er aber dennoch Fleisch essen und dem Bruder so zum Anstoß werden würde, müsste er sich selbst richten, weil er gegen das Liebesgebot verstoßen hat[124]. Derjenige, der aus Liebe zu seinen Mitchristen Verzicht übt, ist glücklich (zu preisen), weil er dadurch sich eins macht mit der Liebes seines Herrn Jesus.

Jeder soll auch auf das Wohl der anderen bedacht sein, nicht nur auf das eigene Wohl. Das ist die Haltung, die euren Umgang miteinander bestimmen soll; es ist die Haltung, die Jesus Christus uns vorgelebt hat. (Philipper 2,4-5 NGÜ[125])

Kapitel 51 Das Glück, Frieden zu stiften

Glücklich zu preisen sind die, die Frieden stiften;
Denn sie werden Söhne Gottes genannt
werden. (Matthäus 5,9 NGÜ)

Warum ist es so unvorstellbar schwer und mühsam, den
Frieden auf dieser Erde zu bewahren? Warum versagen
die unzähligen Gesprächs- und Vermittlungsversuche so
erschreckend oft? Woher kommen die immer währenden
internationalen Spannungen? Warum sind die Menschen
nicht in der Lage, im Frieden miteinander auszukommen?
Warum gibt es so viel Streit und Entzweiungen: in der
Ehe, zwischen Eltern und Kindern, unter Freunden, am
Arbeitsplatz, in der Nachbarschaft, zwischen Staaten, ja
selbst in christlichen Gemeinden? Was ist los mit dieser
Welt und den Menschen, die auf ihr leben? Wo liegt das
Problem?

Nach dem Zeugnis der Bibel ist der Grund dafür kein
politischer, wirtschaftlicher oder sozialer, sondern ein
zutiefst theologischer, geistlicher. Die Ursache für den
Unfrieden ist lokalisiert tief im Herzen des Menschen.

Wir alle leben in einer Welt, in der tagaus tagein das
Chaos wütet, die nicht mehr so ist, wie Gott sie einmal in
seiner Weisheit „sehr gut" geschaffen hat (1. Mose 1,31).
In grauer Vorzeit hatte sich der Mensch von seinem
Schöpfer abgewandt und entschlossen, sein eigener Herr
zu sein, autonom zu leben. Eigenmächtig übertrat er
dessen gute Gebote. Statt auf die Stimme seines Gottes
zu hören, folgte er den Worten des Widersachers. Diese

tragische Entscheidung hatte weitreichende Folgen. Sie löste eine Lawine des Unheils aus. Der Mensch, der seit dieser Zeit bis tief in das Zentrum seiner Person sündig und damit unheilig ist, ist nicht mehr qualifiziert, in Gottes Nähe zu leben. Deshalb wurde er aus dem Garten Eden vertrieben. Dieser so genannte Sündenfall wirkte sich ebenfalls auf die Beziehungen der Menschen untereinander aus und zog diese in Mitleidenschaft. Bestechend realistisch lautet die Diagnose Gottes über seine Menschen: *„Das Trachten des menschlichen Herzens ist böse von seiner Jugend an"* (1. Mose 8,21b SCH2000). Und der Herr Jesus lehrte:

„Von innen, aus dem Herzen des Menschen, kommen Gedanken, die böse sind – Unzucht, Diebstahl, Mord, Ehebruch, Habgier, Bosheit, Hinterlist, Zügellosigkeit, Missgunst, Verleumdung, Überheblichkeit und Unvernunft" (Markus 7,21f NGÜ).

Kein anderer Abschnitt in der gesamten Heiligen Schrift verurteilt so uneingeschränkt jede Form von Idealismus und Humanismus.

„Woher kommen die Auseinandersetzungen unter euch, woher die Streitigkeiten?", so fragt der Bruder des Herrn Jesus seine Leser. Er fährt weiter fort: *„Kommen sie nicht daher, dass in euch selbst ein Kampf tobt? Eure eigensüchtigen Wünsche führen einen regelrechten Krieg 'gegen das, was Gott von euch möchte'! Ihr tut alles, um eure Gier zu stillen, und steht doch mit leeren Händen da. Ihr seid bereit, über Leichen zu gehen, ihr seid erfüllt von Neid und Eifersucht, aber nichts davon bringt euch euren Zielen näher."* (Jakobus 4,1-2a NGÜ)

Wenn der Grund für den Unfrieden zwischen den Menschen in ihrem Inneren zu finden ist, wie kann ihnen dann geholfen werden?

Allein durch eine radikale Veränderung ihres Herzen, wie Gott sie durch seinen Propheten Hesekiel ankünden ließ (Hesekiel 36,26-27). Solange das Innere des Menschen keine tiefgreifende und grundlegende Verwandlung erfährt, wird die unheilvolle Lage auf dieser Erde bestehen bleiben.

Im Bild gesprochen: Liegt die Ursache für die Verschmutzung eines Gewässers im Bereich der Quelle, dann bedeutet es eine Vergeudung an Zeit und Ressourcen, wenn man versucht, mit allen möglichen Maßnahmen das Wasser im Bereich der Mündung eines Flusses zu reinigen. Man muss vielmehr zur Quelle gehen, dort, wo die Verunreinigung entsteht. Die Quelle für all das Übel in dieser Welt ist das menschliche Herz. Es kann zu keiner grundsätzlichen Veränderung in dieser Welt kommen, solange das Herz des Menschen so bleibt, wie es ist. **Für eine neue, verwandelte Welt braucht es einen neuen und verwandelten Menschen.**

Diese Welt braucht nichts dringender als Menschen, die sich für Frieden einsetzen, die als Friedensstifter unterwegs sind. Das können sie aber nur dann, wenn sie selbst Frieden mit Gott haben und in ihrem Inneren Frieden herrscht. Friedensstifter sind Menschen, die an Jesus Christus als ihren Retter und Herrn glauben, die tun, was er ihnen sagt; Personen, die von Gott mit einem neuen Herzen ausgestattet wurden, welches von Neid, Eifersucht, Selbstsucht und Machtstreben gereinigt wurde. Ein Friedensstifter hat eine vollkommen neue Sicht von sich selbst. Er hat sich verabschiedet von seinem ständigen Kreisen um seine Person. Er ist sich dessen bewusst, dass er nicht besser ist als sein Nächster, dass sein altes, gottloses Wesen immer wieder aktiv wird und er erschreckend oft gegen Gottes Willen handelt. Aus diesem Grund stellt er sich nicht über andere Menschen

und verurteilt sie, unabhängig davon, was sie sich zu
Schulden kommen lassen haben. Weil ihm bewusst ist,
dass die Konfliktparteien von Gottes gutem Weg abgeirrt
sind und auf dem Weg des Unheils und Verderbens
wandeln, hat er Mitleid und Erbarmen mit ihnen. Diese
Haltung befähigt ihn, sich dafür einzusetzen, dass Frieden
zwischen Menschen und Nationen entsteht.
Einem Friedensstifter geht es vor allem darum, Gott
durch sein Leben zu verherrlichen. Er verfolgt nicht in
erster Linie seine eigenen Ziele und Interessen. Er sucht
vor allem die Ehre Gottes. Deshalb ist er bereit, sich
hintenan zu stellen, ja sogar, Unrecht zu erleiden, um
Gottes Ziel zu erreichen und Frieden zu stiften.

Worin besteht das Glück eines Friedensstifters?
Sein Glück ist es, zu Gott zu gehören, ein Kind Gottes zu
sein (Matthäus 5,9). Friedensstifter spiegeln das Wesens
ihres himmlischen Vaters und ihres Herrn und Retters
Jesus wider.
Weil der heilige und gerechte Gott zugleich ein Gott des
Friedens ist, hat er seinen einzigen und geliebten Sohn
Jesus in diese finstere und vom Bösen verseuchte Welt
gesandt. Dieser hat auf seine göttlichen Privilegien und
Rechte verzichtet. Er hat den Himmel, die
Liebesgemeinschaft mit dem Vater und dem Geist,
verlassen, um Frieden zu schaffen zwischen Gott und
Mensch (Philipper 2,6-7) und *alles* mit sich selbst zu
versöhnen (Kolosser 1,20). Wie hat er dies
bewerkstelligt? Indem er sein Leben für die Menschen
hingab und einen gewaltsamen Tod an einem römischen
Kreuz vor den Toren Jerusalems starb. Der Apostel Paulus
drückt dies wie folgt aus: *„Dadurch, dass Christus am
Kreuz sein Blut vergoss, hat Gott Frieden geschaffen.“*
(Kolosser 1,20 NGÜ). All jene Menschen, die an seinen
Sohn Jesus glauben und sein heilbringendes Werk am

Kreuz für sich persönlich in Anspruch nehmen, hat Gott, obwohl sie schuldig sind, freigesprochen und Frieden mit ihnen geschlossen.

Menschliche Friedensstifter handeln ebenso wie ihr Gott, der große Friedensstifter und sein Sohn Jesus, der "Friedefürst" (Jesaja 9,5). Weil er Frieden gestiftet hat, indem er sich selbst geopfert hat, können alle, die an ihn glauben, Frieden mit Gott haben und sich für den Frieden zwischen den Menschen einsetzen. Gibt es ein größeres Glück, als ein Kind Gottes zu sein und den Charakter seines himmlischen Vaters und seines Herrn und Retters Jesus widerzuspiegeln zu dürfen, den man von Herzen liebt? Indem ein Christ sich dafür einsetzt, dass Frieden zwischen Gott und Mensch wird und Menschen in Frieden miteinander leben, verhält er sich wie sein Herr Jesus. Das macht ihn wahrhaft glücklich.

"Christus selbst ist unser Frieden. Er hat die Zweiteilung überwunden und hat aus Juden und Nichtjuden eine Einheit gemacht. Er hat die Mauer niedergerissen, die zwischen ihnen stand, und hat ihre Feindschaft beendet. Denn durch die Hingabe seines eigenen Lebens hat er das Gesetz mit seinen zahlreichen Geboten und Anordnungen außer Kraft gesetzt. Sein Ziel war es, Juden und Nichtjuden durch die Verbindung mit ihm selbst zu einem neuen Menschen zu machen und auf diese Weise Frieden zu schaffen." (Epheser 2,14-15 NGÜ)

Kapitel 52 Das Glück, Gott wohlgefällig zu reden

„Mögen die Worte, die ich spreche, und die Gedanken, die mein Herz ersinnt, dir gefallen, HERR, mein Fels und mein Erlöser!" (Psalm 19,15 NGÜ)

Wie glücklich ist der Mensch, der nichts Unbedachtes sagt und nicht von Reue über seine Verfehlungen geplagt wird!
Wie glücklich ist einer, wenn ihn sein Gewissen nicht anklagt und seine Hoffnung nie zuschanden wird!
(Sirach 14,1-2 nach GNB)[126]

Worte haben eine erstaunliche Macht! Sie sind in der Lage, Menschen zu beeinflussen. Sie können erniedrigen, demütigen, einschüchtern, verletzten und zerstören, aber ebenso ermutigen, erfreuen, motivieren, aufbauen und heilsam sein.[127] Wie wohltuend sind Worte wie: „Ich liebe dich." „Ich mag dich." „Du bist wertvoll." „Ich vertraue dir." „Das kannst du schaffen. Gib nicht auf!". Wie verheerend hingegen können Aussprüche sein wie: „Ich hasse dich." „Ich glaube dir kein Wort." „Du bist ein Nichtsnutz." „Das bekommst du sowieso nicht auf die Reihe." „Das kapierst du niemals. Verschwende keine Zeit damit!".[128]

Aus diesem Grund sollten wir überaus achtsam sein mit dem, was wir von uns geben und unser Reden bewusst im Gebet der Herrschaft Gottes unterstellen, so wie König

David es tat: *„HERR, stelle eine Wache an meinen Mund, bewahre die Tür meiner Lippen!"* (Psalm 141,3 SCH2000)

Wie sieht Gott wohlgefälliges Reden aus? Es liegt dann vor, wenn wir durch unsere Worte zu erkennen geben, dass wir Jesus Christus, unserem Herrn gehören und ihn lieben (Kolosser 3,17). Was bedeutet das praktisch? Diejenigen zu „segnen", die uns „verfluchen" und gut von denen zu reden, die uns durch ihre Worte schaden. So lehrte es Jesus einmal seine Jünger (Lukas 6,28 NZB). Gott wohlgefälliges Reden vergilt nicht Gleiches mit Gleichem, vielmehr Böses mit Gutem (Römer 12,21). Wir sollen von uns geben, was „gut" und „nötig" ist und denen „weiterhilft" und „wohltut, die es hören". (Epheser 4,29 NGÜ). Das Notwendige zu sagen, kann bedeuten, dem anderen die Wahrheit in Liebe nahezubringen, konstruktive Kritik zu äußern.

Was wir von uns geben, offenbart, wie es in unserem Inneren aussieht. Jesus erklärte einmal, dass das, was aus unserem Mund kommt, das ist, was unser Herz erfüllt: *„wovon das Herz voll ist, davon redet der Mund."* (Matthäus 12,34b SCH2000) Früher oder später kommt das Böse, was sich im Herzen eines Menschen befindet, durch den Mund - durch ein entsprechendes Reden - zum Vorschein. Wenn unser Inneres hingegen mit der Güte Gottes gefüllt ist, dann äußert sich dies im Lob Gottes und in gütigem Reden gegenüber unserem Nächsten. Unsere Sprache wird stets zeigen, was in unserem Herzen ist: *„Ein guter Mensch bringt Gutes hervor, weil sein Herz mit Gutem erfüllt ist. Ein böser Mensch dagegen bringt Böses hervor, weil sein Herz mit Bösem erfüllt ist. Denn wie der Mensch in seinem Herzen denkt, so redet er."* (Lukas 6,45 NGÜ)

Dem Menschen, der nicht an Gott und seinen Sohn Jesus Christus glaubt und in dessen Herz nicht das neue göttliche Leben wohnt, ist es nicht möglich, seine Zunge völlig zu kontrollieren (Jakobus 3,7-8). Sein Innerstes bedarf dazu erst einmal einer vollständigen Erneuerung. Er benötigt ein neues Herz (Hesekiel 36,26-27). Wohnt der Heilige Geist in einem Menschen, dann ist er in der Lage, sein Reden unter seine Kontrolle zu bringen, weil dieser ihn dazu befähigt.

Glücklich ist der Mensch, der nichts äußerst, was er nachher bereuen müsste, so heißt es in der jüdischen Weisheitsschrift „Jesus Sirach". Glücklich ist jener, den sein Gewissen nicht anklagt wegen der Worte, die aus seinem Mund kommen. Wie schnell passiert es uns, dass wir – wenn wir beispielsweise aufgebracht sind – etwas herausschleudern, von dem wir nachher wünschten, wir hätten es niemals gesagt. Doch dann ist es zu spät. Worte sind wie die Federn. Hat der Wind sie erst einmal zerstreut, vermag sie niemand mehr vollständig einzusammeln. Glücklich ist derjenige, der sich nicht durch seine Worte vor Gott und den Menschen schuldig macht. Glücklich ist ein Mensch, der so redet, wie es Gott wohlgefällt, denn dann ehrt er seinen Schöpfer und tut seinem Mitmenschen wohl.

Kapitel 53 Die zwei Seiten der Zunge – Fabel Aesops

Aesop, der berühmte griechische Fabeldichter, erzählte einmal, wie er in der Zeit seiner Dienerschaft von seinem Herrn, dem Philosophen Xanthus, zum Markt geschickt wurde, um für ein anstehendes Festmahl das beste Fleisch zu besorgen, das er finden konnte. Als die Gäste eingetroffen waren, musste Xanthus entsetzt feststellen, dass das gesamte Fleisch einzig und allein aus lauter Zungen bestand! Ärgerlich stellte er den Diener zur Rede, doch dieser antwortete mit den weisen Worten: »Du trugst mir auf, das Beste zu kaufen, was es gibt … Und die Zunge ist wirklich etwas Wunderbares, sie ist die Kraft, die die Gesellschaft zusammenhält, das Organ der Vernunft, das Werkzeug zum Lob der Götter!«
Um das nicht noch einmal zu erleben, trug der frustrierte Hausherr seinem Diener Aesop auf, beim nächsten Mal das Schlechteste auf dem Markt zu kaufen, was es dort gab... Mit Entsetzen musste er hinterher feststellen, dass Aesop wieder nichts als »Zunge« gekauft hatte. Zornig stellte er ihn dafür zur Rede. Doch Aesop antwortete ruhig: »Die Zunge war wirklich das Schlechteste, was ich auf dem Markt finden konnte. Sie ist das Werkzeug von Zank und Streit, das Organ von Lug und Trug und das Mittel, mit dem die Götter entehrt und verleugnet werden.«

Kapitel 54 Das Glück, sanftmütig zu sein

Glücklich zu preisen sind die Sanftmütigen; denn sie werden die Erde als Besitz erhalten. (Matthäus 5,5 NGÜ)

Glücklich sind die Sanftmütigen, so lehrt es der Herr Jesus in der Bergpredigt. Mit der dritten Seligpreisung überrascht er erneut seine Zuhörer.
Stimmt das? Sind es wirklich die Sanftmütigen, die die Erde besitzen und beherrschen? Entspricht nicht eher die in einem Liedtext der Prinzen - einer der erfolgreichsten Bands Deutschlands - besungene Wahrheit unserer Erfahrung? „Du musst ein Schwein sein in dieser Welt. (…) Du musst gemein sein in dieser Welt. (…) Denn willst du ehrlich durchs Leben gehen. (…) Kriegst 'nen Arschtritt als Dankeschön. Gefährlich." Bekommen die Sanftmütigen nicht am Ende einen Arschtritt? Sind nicht die „Schweine" dieser Welt die Glücklichen? Die, die rücksichtslos und skrupellos sind, die ihre Ellenbogen einsetzen, die zurückschlagen? Was erreicht man schon mit Sanftmut?
Angesichts des zitierten Liedtextes erscheinen die Worte Jesu, wie sie der Evangelist Matthäus überliefert hat, wie eine Utopie: *"Glücklich zu preisen sind die Sanftmütigen; denn sie werden die Erde als Besitz erhalten."* (Matthäus 5,5 NGÜ) „Zu schön, um wahr zu sein. Das hört sich gut an, entspricht nur leider nicht der Realität.", so denken viele. Seit Menschengedenken regiert das Recht des Stärkeren. Diese Erde gehört nicht den Sanftmütigen, sondern den Starken, Rücksichtslosen, eben den Schweinen. Sie sind die Lachenden, die Glücklichen. Dagegen sind die Ehrlichen meist die Dummen. Der

Gottlose scheint der Glückliche zu sein. Ihm geht es gut, während derjenige, der auf Gottes Wegen wandelt, oft mit Mühsal und Schwierigkeiten zu kämpfen hat. Diese Erfahrung machten bereits die Menschen im Alten Testament, und dies setzte ihnen zu (Psalm 73,3).

War Jesus demnach ein weltfremder Wanderprediger, ein Träumer? Sind seine Wort untauglich für die harte Realität unseres Daseins? Oder verbirgt sich in seinen Äußerungen eine tiefe Wahrheit, der es sich lohnt, nachzuspüren? Lasst uns ein wenig näher hinschauen, was Jesus hier genau sagt? Wodurch zeichnet sich der Sanftmütige aus? Inwiefern ist er glücklich? Und: Was verrät uns der Herr Jesus hier über das wahre Lebensglück?

Sanftmütig zu sein, bedeutet nicht, weich und nachgiebig zu sein, sodass man bei niemandem aneckt. Es bezeichnet auch keine natürliche Freundlichkeit, einen Menschen, mit dem man leicht gut auskommt. Der Sanftmütige ist nicht jemand, der eine schwache Persönlichkeit besitzt, jemand, der aus dem Bedürfnis nach Harmonie Frieden um jeden Preis sucht. Die Personen in der Bibel, die als sanftmütig charakterisiert werden, zeichneten sich aus durch innere Stärke und große Kraft. Sie traten kompromisslos für die Wahrheit Gottes ein.

Das griechische Wort, welches im Deutschen mit „sanftmütig" übersetzt wird, bedeutet so viel wie Demut, Milde, Lindigkeit, Niedrigkeit sowie Verzicht auf Vergeltung und Rache. Der Sanftmütige verzichtet darauf, sich selbst zu behaupten, auf seine Rechte zu pochen und seine Ellenbogen einzusetzen. Er kreist nicht ständig um seine eigenen Interessen. Er muss sich nicht permanent selbst verteidigen und rechtfertigen. Er sorgt sich nicht fortlaufend um sich selbst. Er sucht nicht danach, sich zu revanchieren und es dem anderen heimzuzahlen. Er ist stattdessen geduldig und langmütig, vor allem dann, wenn man ihn ungerecht behandelt (1. Petrus 2,21-23). Der Langmütige ist bereit zuzuhören und zu lernen, von Menschen und Gott. Er legt alles, seine Rechte, seine Anliegen und seine Zukunft in Gottes Hände und vertraut ihm, dass er für ihn sorgen und sich seiner annehmen wird. Dies gilt insbesondere in Situationen, in denen er ungerechterweise zu leiden hat.

Der griechische Begriff, der im Deutschen mit Sanftmut übersetzt wird, bezeichnet eine sanfte Brise, eine beruhigende Arznei oder einen gezähmten Hengst. Alle drei Bedeutungen sind Beispiele für eine Kraft, die sich unter Kontrolle befindet und aus diesem Grund eine positive Wirkung erzielt: Eine sanfte Brise erfrischt, während ein unkontrollierter Hurrikan zerstört. Eine Arznei lindert oder heilt, während derselbe Stoff im Übermaß tötet. Und ein gezähmtes Pferd nutzt seinem Reiter, eines, welches sich außer Kontrolle befindet, kann ihm schweren Schaden zufügen, wenn es ihn abwirft.

Wer sind die Sanftmütigen, von denen Jesus hier spricht? Seine Jünger (Matthäus 5,1-2), jene, die ihm vertrauen und ihm nachfolgen. Christen, Kinder Gottes, Menschen, denen Gott durch seinen Geist neues Leben geschenkt hat.

Doch inwiefern sind die Sanftmütigen und nicht etwa die Hartgesottenen, Starken und Rücksichtslosen, die „Schweine" dieser Welt, die Glücklichen? Jesu Antwort ist ebenso schlicht wie verblüffend: Sie werden (von Gott) die Erde als Besitz erhalten. Wie ist das gemeint?

Zum einen üben die Demütigen, jene, die eine „geduldig tragende und liebevolle Haltung" zeigen, „einen wohltuenden und das Niedrige überwindenden Einfluss" auf diese Welt aus. „Solche Sanftmütigen machen schon jetzt die Erde der Königsherrschaft Gottes untertan."[129] "*Wir sind arm und machen doch viele reich. Wir besitzen nichts, und doch gehört uns alles.*" (2. Korinther 6,10 NGÜ)[130]

Christus geht es an dieser Stelle aber in erster Linie um eine zukünftige Realität. Gegenwärtig steht diese Erde noch unter der Macht des Bösen der „Herren der Welt"[131], doch es wird einmal zu einer Umkehrung der Verhältnisse kommen. In der Zwischenzeit sollen die Sanftmütigen geduldig warten und nicht gewaltsam gegen die ungerechten Verhältnisse ankämpfen.[132] Wann wird es zu diesem Umschwung kommen? Am Ende des gegenwärtigen Zeitalters, wenn Christus in Herrlichkeit wiederkommt. Gott wird dann einen neuen Himmel und eine neue Erde schaffen (Offenbarung 21,1). Auf dieser neuen Erde werden die Sanftmütigen mit ihrem Herrn regieren (2. Timotheus 2,12) und die Welt richten (1. Korinther 6,2).

In Gottes Neuer Welt wird es keine Schlachtfelder mehr geben und keine Ausbeutung, keinen Kindesmissbrauch und keine Vergewaltigung, keine Korruption, keine Lüge und keinerlei Sünde. „*Und Gott wird abwischen alle Tränen von ihren Augen, und der Tod wird nicht mehr sein, weder Leid noch Geschrei noch Schmerz wird mehr sein; denn das Erste ist vergangen.*" (Offenbarung 21,4 SCH2000) Und all jene, die an der Lüge, der Sünde und der Schande festhalten, werden draußen sein. Diejenigen aber, die durch den Heiligen Geist die Sanftmut Christi gelernt haben, haben eine große Zukunft, denn sie werden das Erdreich besitzen.

Herrlicher als die Vorstellung, mit Jesus einmal auf Thronen zu sitzen und mit ihm zu herrschen, ist aber etwas anderes, was Johannes hier ebenfalls erwähnt: *„Siehe, das Zelt Gottes bei den Menschen! Und er wird bei ihnen wohnen; und sie werden seine Völker sein, und Gott selbst wird bei ihnen sein, ihr Gott."* (Offenbarung 21,3 SCH2000; vgl. 22,3-5). Der eigentliche Schatz, das wahre Glück des Christen ist nicht das Erbe der Erde und die Mit-Regentschaft, sondern Jesus selbst. Ungetrübte, unmittelbare und innigste ewige Gemeinschaft mit unserem Herrn und Retter Jesus, das ist es, was all das Sehnen eines Gotteskindes für immer stillt und es im höchsten Maße glücklich macht.

Kapitel 55 Das Glück, barmherzig zu sein

Glücklich zu preisen sind die Barmherzigen; denn sie werden Erbarmen finden. (Matthäus 5,7 NGÜ)

Glücklich zu preisen ist, wer anderen Menschen in Not zur Seite steht! Geht es ihm dann selbst einmal schlecht, wird der HERR seine Hilfe sein. (Psalm 41,2 NGÜ)

Wer seinen Nächsten verachtet, sündigt; wer sich aber der Elenden erbarmt, ist glückselig. (Sprüche 14,21 Elb03)

In der fünften Seligpreisung der Bergpredigt beleuchtet der Herr Jesus einen weiteren Aspekt wahren, bleibenden Glücks. Der glückliche Mensch, der Mensch, der zu beglückwünschen ist, ist barmherzig. Was ist damit gemeint? Was versteht der Sohn Gottes hier unter Barmherzigkeit?

Barmherzig zu sein, bedeuteten nicht, gelassen und abgeklärt durchs Leben zu schlendern, über gewisse Dinge einfach hinweg zu sehen, oder wenn man sie gesehen hat, so zu tun, als hätte man sie nicht wahrgenommen. Zu lächeln, wenn jemand die Gebote Gottes übertritt, weil es einen nichts angeht, ob diese gehalten werden oder nicht. Barmherzigkeit ist auch keine natürliche Disposition oder Neigung, kein abgeklärtes Temperament.

Die Eigenschaft "barmherzig" gebührt in der Heiligen Schrift zunächst und zuerst einmal Gott allein. Er ist barmherzig, gleichzeitig aber auch gerecht und heilig. Beides muss in einem biblischen Verständnis von Barmherzigkeit zusammenkommen (Psalm 85,11).

Was zeichnet einen barmherzigen Menschen aus? Dass ihn die Not und das Elend anderer Menschen so stark berühren, dass dies in ihm einem intensiven Wunsch und mächtiges Verlangen auslöst, einzugreifen und etwas an diesem Zustand zu ändern. Barmherzigkeit besteht aus einem tiefen Mitgefühl für Menschen, die Not leiden, verbunden mit dem helfenden Eingreifen. Jemand bezeichnete einmal Barmherzigkeit als "Liebe in Aktion".

Ein eindringliches Beispiel von Barmherzigkeit in der Bibel ist der barmherzige Samariter, den Jesus seinen Zuhörern in einem seiner Gleichnisse vorstellt. Während einer Reise begegnete er einem Mann, der sich in einer großen Notlage befand. Man hatte ihn überfallen, ausgeraubt und halbtot am Straßenrand liegengelassen. Ein Priester und ein Levit waren einige Zeit vorher an dem Tatort vorbeigekommen. Beide hatten möglicherweise Mitleid mit dem schwer verletzten Mann gehabt, doch hatte dies bei ihnen nicht dazu geführt, dass sie ihm halfen. Anders der Samariter. Sein Mitgefühl bewegte ihn dazu, von seinem Reittier abzusteigen und die Wunden des Verletzten zu versorgen.
Das größte und vollkommene Beispiel für Barmherzigkeit ist Gottes Sohn selbst. Er sah, in welch furchtbarem und hoffnungslosem Zustand sich die Menschen befanden. Er erkannte ihre große Not und ihr Leid und dass die Sünde sie zerstörte. Dies rief ein tiefes Mitleid ihn ihm hervor. Ihr Elend bewegte Jesu Herz so tief, dass er sich entschloss, die innige Gemeinschaft mit seinem Vater im Himmel zu verlassen und in diese finstere Welt herabzusteigen, um die Verlorenen aus ihrer Not zu

retten. Er gab sein Leben für Menschen, die seine Feinde waren, die von Gott nichts wissen wollten, sich nicht um seine Gebote scherten und ihm die ihm zustehende Anerkennung und Ehrerbietung verweigerten (Römer 5,8.10). Das ist Barmherzigkeit, Liebe in Aktion in ihrer Vollendung.

Ob du barmherzig bist oder nicht, kannst du erkennen, indem du dich fragst: Wie empfinde ich einem anderen Menschen gegenüber, der mir in der Vergangenheit einmal übel mitgespielt hat und dem es nun schlecht geht oder der mir plötzlich ausgeliefert ist? Hege ich dieser Person gegenüber den Wunsch, es ihr heimzuzahlen und mich zu rächen? Oder erfüllt mich der Gedanke an diesen Menschen mit Mitleid, Traurigkeit und Freundlichkeit?

Warum ist derjenige, der barmherzig ist, wahrhaft glücklich? Weil er Erbarmen finden wird, antwortet Jesus. Wie ist das gemeint?

Nur derjenige erfährt von Gott Erbarmen, der erkennt, dass er vor ihm schuldig ist und nichts anderes als den Tod, die ewige Trennung von Gott, verdient hat für sein Leben ohne und gegen Gott (Römer 6,23). Gott erbarmt sich nur über jene, denen bewusst ist, dass er ihnen völlig unverdient, allein aus Gnade, aus seiner Liebe und Barmherzigkeit heraus, vergeben hat. Wer dies erkannt hat, wird anderen gegenüber ebenso barmherzig sein und ihnen vergeben wie Gott ihm gegenüber. Ein Gotteskind ist sich bewusst, aus welchem Sumpf des Elends es sein Herr herausgezogen hat. Das lässt es seine Mitmenschen mit anderen Augen sehen.

Wie ist es in deinem Leben? Bist du anderen gegenüber barmherzig? Hast du Mitleid und Erbarmen selbst mit den Menschen, die dich tief verletzt haben?

Worin besteht das Glück der Barmherzigen? Dass Gott uns sah, als wir hoffnungslos in unserem Elend lagen, dass er anhielt und uns rettete. Dass er uns nicht verurteilte und verwarf, obwohl wir das verdient hätten, sondern uns vergab, uns ein neues Leben schenkte und uns als seine Kinder adoptierte.

Wie tief muss Gottes Liebe sein!
Er liebt uns ohne Maßen,
hat seinen Sohn an unsrer Statt
für alles büßen lassen.
...
Für meine Sünden hing er dort!
Sie brachten ihm ums Leben.
Sein Sterben hat sie ausgelöscht.
Ich weiß, mir ist vergeben.
...
Ich hab das alles nicht verdient.
Ich leb durch seine Gnade.
Sein Blut bezahlt für meine Schuld,
damit ich Leben habe.[133]

Was ist es für ein großes Glück, einen solchen Gott zum Vater zu haben und mit ihm in ewiger Gemeinschaft leben zu dürfen.

„In gewissem Sinn sucht auch der wohltätigste, großzügigste Mensch sein eigenes Glück darin, anderen Menschen Gutes zu tun, weil er sein Glück mit ihrem Wohl verbindet. Er hat ein so weites Herz, dass er sie sich sozusagen einverleibt. Wenn sie also glücklich sind, ist er es auch, er fühlt mit ihnen und ist glücklich in ihrem Glück." (Jonathan Edwards)[134]

Kapitel 56 Das Glück, den Armen zu helfen

Glücklich zu preisen ist, wer anderen Menschen in Not zur Seite steht!
Geht es ihm dann selbst einmal schlecht, wird der HERR seine Hilfe sein. (Psalm 41,2 NGÜ)

Glückselig wirst du sein [wenn du den Armen dienst], weil sie nichts haben, um dir zu vergelten; denn es wird dir vergolten werden bei der Auferstehung der Gerechten. (Lukas 14,14).

Helfen macht glücklich und verbessert die mentale Gesundheit. Diese Wahrheit ist in der Glücksforschung schon seit langem bekannt und wissenschaftlich belegt. Setzt sich jemand uneigennützig für einen anderen Menschen ein, dann werden in ihm verschiedene Glückshormone freigesetzt und das Level seiner Stresshormone gesenkt. Dies ergab eine Studie der kalifornischen Loma Linda University.
Ein Forscherteam rund um die US-Professorin Sonja Lyubomirsky nahm den Zusammenhang zwischen Helfen und Glücklichsein genauer unter die Lupe. Es stellte fest, dass 40 Prozent unseres Glücksempfindens durch unser eigenes Verhalten und unsere täglichen Routinen, die wir selbst in der Hand haben, ausgelöst werden.
Studien zeigten, so der Glücksforscher Jürgen Schupp (Berlin), dass Freizeitaktivitäten, die der Gemeinschaft dienen, einen Menschen zufriedener machen als

beispielsweise eine Gehaltserhöhung. Wer seinem Nächsten hilft und sich sozial engagiert, tut demnach nicht nur anderen Menschen etwas Gutes, sondern ebenso sich selbst.
Es gibt eine Reihe von jüngeren wissenschaftlichen Studien, die den Zusammenhang zwischen Dienen und Glück belegen, zum Beispiel eine von Jenny Santi, die den Titel trägt: „The Giving Way to happiness".

„Nur diejenigen werden wirklich glücklich sein, die es gelernt haben zu dienen." „Das Glück ist das einzige, das sich verdoppelt, wenn man es teilt." (Albert Schweitzer)

Das Streben nach Glück ist ein wesentliches Motiv für das Vollbringen guter Taten. Oder anders ausgedrückt: Wenn man bereit ist, das Streben nach vollständigem und dauerhaftem Glück aufzugeben, kann man Menschen nicht lieben und Gott nicht gefallen.
(John Piper[135])

Wie kommt das? Was sind die Gründe dafür?

1. Helfen steigert unser Selbstwertgefühl.

Wer anderen Menschen hilft, der macht die Erfahrung, dass er etwas zu bewegen vermag und dass er wichtig, bedeutsam und wertvoll ist. Dies hebt sein Selbstwertgefühl.
„Menschen, die regelmäßig anderen helfen, profitieren selbst davon, weil sich ihre Eigeneinschätzung verbessert", so der Bochumer Sozialpsychologe Professor Hans-Werner Bierhoff. „Man erkennt sich dafür an, dass man in Übereinstimmung mit den eigenen Einstellungen handelt. Das setzt einen Kreislauf der Selbstverstärkung

in Gang. Die Erfahrung, etwas zu bewegen, steigert das Selbstwertgefühl."

2. Helfen lässt uns die Dankbarkeit und Anerkennung anderer Menschen erfahren.

Wer anderen Menschen dient, der erfährt Dank, Wertschätzung und Anerkennung für sein Engagement. Das steigert sein Wohlbefinden.

3. Helfen lässt uns die gegenseitige Verbundenheit erfahren.

Wer sich um einen anderen kümmert, der erfährt, dass wir alle miteinander verbunden sind. Die Erfahrung, dass es andere Menschen gibt - manchmal völlig Unbekannte - die sich für unser Schicksal interessieren, ist eindrücklich und verleiht einem ein großes Gefühl von Sicherheit und Geborgenheit.

„In gewissem Sinn sucht auch der wohltätigste, großzügigste Mensch sein eigenes Glück darin, anderen Menschen Gutes zu tun, weil er sein Glück mit ihrem Wohl verbindet. Er hat ein so weites Herz, dass er sie sich sozusagen einverleibt. Wenn sie also glücklich sind, ist er es auch, er fühlt mit ihnen und ist glücklich in ihrem Glück." (Jonathan Edwards)[136].

4. Helfen verhilft uns zu einer neuen Sicht auf unser eigenes Leben.

Wer anderen Menschen hilft und dabei wahrnimmt, dass es ihnen schlechter geht als einem selbst, der bekommt dadurch eine neue Wertschätzung für sein eigenes Leben. Durch den Vergleich erscheint ihm seine

Lebenssituation ebenso wie deren subjektive Bewertung auf einmal in einem anderen Licht. Die säkulare Wissenschaft bestätigt die Aussage des Wortes Gottes: Helfen macht glücklich. Doch welche Gründe dafür werden uns in Gottes Wort, der Bibel, genannt?

5. Wer anderen Menschen hilft, der macht sich eins mit Gott, dem großen Helfer.

„Gott ist unsere Zuflucht und Stärke, ein Helfer, bewährt in Nöten.", so heißt es in Psalm 46,2. Gott liebt es, den Menschen zu helfen, und ihm gefällt es, wenn wir es ihm gleichtun. Der Herr Jesus hatte Mitleid und Erbarmen mit solchen, die sich in unterschiedlichsten Nöten befanden. Er heilte zahllose Kranke und befreite Personen, die von zerstörerischen Mächten beherrscht waren. Er war es auch, der mit Hilfe des Gleichnisses vom barmherzigen Samariter die Seinen lehrte, bedürftigen Menschen zu helfen.
Für jemanden, der an Jesus Christus als seinen Retter und Herrn glaubt, gibt es keine größere Freude und Erfüllung, als sich mit Gott eins zu machen und ihn durch sein Handeln zu erfreuen und zu ehren. Ein Gotteskind findet das höchste Glück darin, zu wollen, was er will; zu tun, was er tut und gesinnt zu sein, wie er gesinnt ist (Philipper 2,5).

6. Denen, die anderen Menschen in ihrer Not beistehen, ohne etwas von ihnen zu erwarten, vergilt Gott ihr Handeln, wenn sie einmal in seine Neue Welt eingehen.

Worin besteht der Lohn, den Gott seinen Kindern zuteilt, die sich helfend um bedürftige Menschen gekümmert haben? Zunächst einmal und vor allem anderen in der ewigen Gemeinschaft mit ihm in seiner Neuen Welt.

Gott selbst und sein Sohn Jesus Christus sind ihr Lohn.
Für einen Christen ist die Hilfe, die er notleidenden
Menschen zukommen lässt, keine Pflicht um der Pflicht
willen, auch kein Recht um des Rechts willen oder ein
mutiger Verzicht auf das eigene Wohl zugunsten des
Wohls eines anderen. (John Piper).[137] Das Motiv,
Menschen in Not zu helfen, besteht in den Streben nach
„echtem Gewinn", welcher Gott selbst ist. Aus der
Freude, die Christen in und an Gott haben, fließt das
helfende Handeln (vgl. 2. Korinther 8,2). Liebe ist der
Überschwang und die Entfaltung der Freude in Gott! Sie
ist vor allem eine zutiefst befriedigende Erfahrung der
Fülle der göttlichen Gnade und erst dann eine doppelt
befriedigende Erfahrung der Weitergabe dieser Freude in
Gott an einen anderen Menschen.[138]
Darüber hinaus verspricht er seinen Kindern eine
Entlohnung und Ehre für ihre Nachfolge und das, was sie
in seinem Namen und Auftrag gewirkt haben. Worin
bestehen diese? Jesus selbst gibt uns auf diese Frage eine
klare Antwort:
*„Amen, ich sage euch: Ihr, die ihr mir gefolgt seid, werdet
bei der Neuschöpfung, wenn der Menschensohn sich auf
den Thron seiner Herrlichkeit setzt, auch auf zwölf Thronen sitzen und die zwölf Stämme Israels richten. Und
jeder, der um meines Namens willen Häuser, Brüder,
Schwestern, Vater, Mutter, Kinder oder Äcker verlassen
hat, wird hundertfach empfangen und ewiges Leben
erben."* (Matthäus 19,28-29 NZB)

Kapitel 57 Das Glück, demütig zu sein

Glückselig sind die geistlich Armen, denn ihrer ist das Reich der Himmel! (Matthäus 5,3 NGÜ)

Was zeichnet diejenigen Menschen aus, von denen der Herr Jesus hier sagt, dass sie glücklich sind? Sie sind arm „im Geist". Damit sind nicht jene gemeint, denen der Schöpfer ein geringeres Maß an Verstand und Intelligenz zugeteilt und sie stattdessen mit anderen Gaben beschenkt hat, eben die Einfältigen. Der Ausdruck „im Geist" bezeichnet vielmehr die (Geistes-)Haltung eines Menschen sich selbst gegenüber im Verhältnis zu Gott, seinem Schöpfer.

Im Gegensatz dazu legen jene, die nicht an Gott glauben und ohne ihn leben, großen Wert auf Selbstvertrauen, Selbstsicherheit, Selbstverwirklichung und Selbstoptimierung.[139] „Glaube an dich selbst! Mache dir die Kräfte bewusst, die in dir schlummern! Setze dich durch! Verwirkliche deine Träume!". So lautet das Prinzip dieser Welt.

Im Gegensatz dazu preist Jesus diejenigen glücklich, die erkannt haben, dass sie - was ihre Beziehung zu Gott anbelangt - arm sind, ja präziser „bettelarm". Das sind jene, die sich dessen bewusst sind, dass sie vor ihrem Schöpfer mit leeren Händen dastehen, vollkommen mittellos. Dass sie nichts vorzuweisen haben. Dass sie nichts schaffen können, was vor Gott bestehen könnte. Dass sie auf Gott angewiesen sind, dass sie ihn brauchen und ohne ihn nicht zu leben vermögen. Derjenige, der

„*arm im Geist*" ist, ist sich seiner eigenen Nichtigkeit bewusst, wenn er dem heiligen und gerechten Gott gegenübertritt. Diese Erfahrung wird uns von vielen Personen in der Bibel berichtet, wie beispielsweise von Noah, Abraham oder Jesaja.[140] „Armsein im Geist", das ist das, was die Bibel **Demut** nennt.

Der Apostel Paulus bringt diese Bedürftigkeit und das absolute Angewiesen-Sein des Menschen auf Gott mit den folgenden kraftvollen Worten zum Ausdruck: „*Was aber hast du, das du nicht empfangen hättest? Wenn du es aber empfangen hast, was rühmst du dich, als hättest du es nicht empfangen?*" (1. Korinther 4,7 NZB)
Jene, die dies erkannt und für ihr Leben angewandt haben, sind die wahrhaft Glücklichen. Sie allein haben das echte Glück gefunden, das bleibt. Ein Glück, was unendlich tiefer und reicher ist als das vergängliche Glück, was diese Welt anzubieten hat.

Warum sind jene Personen glücklich? Warum haben gerade sie das wirkliche Glück gefunden? Weil ihnen das Reich der Himmel gehört, so verrät es uns Jesus. Weil sie schon jetzt in einer lebendigen und unzerstörbaren Beziehung zu Gott leben. Weil sie seine Kinder sind. Weil sie Anteil bekommen haben an dem göttlichen Leben. Und weil sie einmal mit Gott für ewig leben werden in seiner Neuen Welt. Wahres Lebensglück bedeutet, Gemeinschaft mit dem lebendigen Gott und seinem Sohn Jesus Christus zu haben. Dies beginn bereits anfangshaft und keimhaft hier auf Erden und wird später einmal im Himmelreich vollendet.

Wahres Lebensglück bedeutet, sich seiner menschlichen Armseligkeit und Abhängigkeit vor Gott bewusst zu sein und alles von ihm her zu erwarten. Solche Menschen haben schon jetzt Anteil an Gottes Königsherrschaft und an der Gemeinschaft mit ihm. Sie werden einmal die Ewigkeit bei ihm verbringen, ihn schauen von Angesicht zu Angesicht und sich ewig an ihm erfreuen.

Wie siehst du dich im Verhältnis zu Gott? Hältst du dich für arm oder reich in Bezug auf ihn?

Wie wird man geistlich arm? Wie erkennt man, dass man vor dem heiligen und reinen Gott nicht zu bestehen vermag? Indem man ihn - sein Wesen und Werk - Tag für Tag anschaut. Indem man sein heiliges Wort aufschlägt, es betend liest und darüber nachsinnt: Wer ist Gott? Wie ist er? Und: Wie stehe ich vor ihm da? Von dem Theologen und Bibellehrer Dr. Martyn Lloyd-Jones stammt folgende Aussage: „Du kannst nicht auf ihn schauen, ohne dass du deine eigene vollkommene Armut und Leere erkennst."[141]

Kapitel 58 Das Glück, einander in Liebe zu dienen

Ich habe euch ein Beispiel gegeben, damit auch ihr so handelt, wie ich an euch gehandelt habe. Denkt daran: Ein Diener ist nicht größer als sein Herr, und ein Bote ist nicht größer als der, der ihn sendet. Ihr wisst das jetzt alles; glücklich seid ihr zu nennen, wenn ihr auch danach handelt. (Johannes 13,15-17 NGÜ)

Demut ist der Weg zum wahren Glück.

Am Vortag seiner Kreuzigung - am Donnerstagabend - traf sich der Herr Jesus mit seinen engsten Jüngern in einem Saal, um gemeinsam mit ihnen das Passahfest zu feiern. Zuvor hatte er sein öffentliches Wirken bewusst abgeschlossen (Johannes 12,36). Nun wendet er sich noch einmal persönlich den Seinen zu. In den Stunden vor seinem Tod macht er ihnen ein letztes Mal deutlich, in welcher Grundhaltung und Gesinnung sie miteinander umgehen sollen. Dafür gibt er ihnen ein eindrückliches und unvergessliches Beispiel.

Jesus war sich bewusst, dass ihn in Kürze entsetzliches Leiden erwartete und sein Tod unmittelbar bevorstand. Auf ihm lastete ein unermesslicher Druck. In Folge seiner Anspannung schwitzte er im Garten Getsemani Blut. Der Weg aus der Welt zurück zum Vater war ein überaus beschwerlicher, der nur über das Kreuz verlief. Doch anstatt sich zurückzuziehen, um Zeit für sich selbst zu haben und sich auf seinen schweren Gang vorzubereiten, nimmt sich Jesus Zeit für seine Jünger und begegnet ihnen in selbstloser und hingebungsvoller Liebe (Johannes 13,1).

Doch er tut noch mehr. Während des Essens steht der Herr plötzlich und unerwartet auf, zieht sein Obergewand aus, ergreift ein Leinentuch und bindet es sich um. Seine Jünger sind total verwirrt. Was wird das? Was hat der Meister vor? Dann gießt Jesus Wasser in ein Becken und fängt an, seinen Jüngern, einem nach dem anderen, die Füße zu waschen und sie mit dem Tuch, das er sich umgebunden hat, abzutrocknen (Johannes 13,4-5). Vermutlich blieb seinen Freunden dabei der Bissen im Halse stecken, so sprachlos, so geschockt waren sie. Das, was Jesus hier tat, war doch die Aufgabe des geringsten Dieners oder des Sklaven im Haushalt, eines Herrn oder eines Rabbiners völlig unwürdig (1. Samuel 25,41; Lukas 12,37). Nachdem der Herr seinen Freunden die Füße gewaschen hat, zieht er sein Obergewand wieder an, legt sich zu Tisch und erklärt ihnen, warum er sich so verhalten hat. Er habe ihnen ein Beispiel geben wollen. Sie sollten ebenso handeln, wie er an ihnen gehandelt hat. Dann fährt er fort: *„Denkt daran: Ein Diener ist nicht größer als sein Herr, und ein Bote ist nicht größer als der, der ihn sendet. Ihr wisst das jetzt alles; glücklich seid ihr zu nennen, wenn ihr auch danach handelt."* (Verse 15-17). In der Neues Leben Bibel heißt es: *„Das ist der Weg zu eurem Glück!"*

Um was für ein Wissen handelt es sich hier? Um die Erkenntnis, dass ein Knecht nicht größer ist als sein Herr und ein Gesandter nicht größer als der, der ihn gesandt hat. Jesus preist denjenigen glücklich, der dieses Wissen hat und daraus praktische Konsequenzen für sein Leben zieht. Worin bestehen diese? Was sollen Jesu Jünger von ihrem Meister lernen?

Jesus verordnet seinen Nachfolgern keineswegs, regelmäßig anderen Menschen die Füße zu waschen. Er setzt hier die Fußwaschung nicht als ein Ritual ein. Er erteilt seinen Freunden vielmehr durch seine Aktion eine Lektion in praktischer Demut. Der Herr Jesus forderte sie nicht auf: „Macht das Gleiche wie ich!", sondern: „Verhaltet euch so, wie ich mich verhalten habe!" Jesus nachzufolgen, bedeutet nicht, anderen Menschen die Füße zu waschen, sondern demütig zu sein und Demut anderen gegenüber zu üben. Dieses Verhalten soll jeden Bereich des Lebens eines Jüngers Jesu betreffen.

Der Demütige ist stets bereit, anderen Menschen in Liebe zu dienen. Er übernimmt dabei bereitwillig auch niedere Aufgaben und tut es damit seinem Herrn gleich. Er hat die Gesinnung, die in Jesus war, die Haltung, die er vorgelebt hat (Philipper 2,5). Auf diese Weise verherrlicht er seinen Herrn.

Deshalb ist gerade der demütige Mensch glücklich, derjenige, der bereit ist, dienend für seinen Nächsten da zu sein und dabei selbst Aufgaben zu übernehmen, die ihm nicht gefallen und die er als unter seinem Niveau ansieht. Der Weg zum wahren Glück ist der Weg, der Jesu Fußspuren nachfolgt: Gesinnt zu sein, wie Jesus gesinnt war. Zu wollen, was er wollte. Zu lieben, was er liebte und so zu leben, wie er es uns vorgelebt hat. Wahres Lebensglück finden wir allein in der Gemeinschaft mit ihm, unserem Herrn und Retter, den wir über alles lieben und ehren, der unser kostbarster Schatz ist.

Kapitel 59 Eine Haltung des Dienens

Wie kommt man von einer ichbezogenen Haltung zu einer Haltung des Dienens?

In seinem Buch «The Shift» nennt der US-amerikanische Psychologe und Autor Wayne Dyer (1940–2015) drei innere Veränderungen, die uns zeigen, wie wir den Übergang von einer Ego-Bezogenheit zu einer Haltung des Dienens schaffen. Aus christlicher Sicht sind diese überaus bedenkenswert.

1. Vom Anspruchsdenken zur Bescheidenheit

Um zu einer Haltung des Dienens zu gelangen, ist es wesentlich, dass man sich bewusst wird, dass man aus dem Nichts kommt und am Ende seines Lebens wieder ins Nichts übergeht. Im ersten Buch Mose spricht Gott zu Adam und Eva nach dem Sündenfall: *„Du bist Staub, und zum Staub wirst du wieder zurückkehren!"* (1. Mose 3,19 SCH2000). Auf das, was wir während unserer Zeit auf Erden unser Eigen nennen, haben wir keinerlei Anspruch. Es ist uns von Gott für die begrenzte Zeit unseres irdischen Daseins zur treuen Verwaltung anvertraut. Der Schöpfer hat es uns aus lauter Güte geschenkt.

2. Von der Kontrolle zum Vertrauen

Ein weiterer bedeutsamer Punkt, um zu einer Haltung des Dienens zu kommen, besteht darin, einzusehen, dass wir nicht immer alles kontrollieren können und müssen. Gott ist souverän. Er regiert über alles, sitzt im Regiment.

Alles ohne Ausnahme geschieht nach seinem Willen.
Nichts und niemand ist in der Lage, ihm zu widerstehen.
*„Viele Gedanken sind im Herzen eines Mannes; aber der
Ratschluss des HERRN, er kommt zustande."* (Sprüche
19,21 Elb03)
Das bedeutet: Unser gesamtes Leben befindet sich in
seiner Hand. Er sorgt als ein liebender Vater für seine
Kinder, für jene, die ihm vertrauen und danach trachten,
nach seinem Willen zu leben. In dem Maße, in dem wir
Gott vertrauen und ihm die Kontrolle über unser Leben
überlassen, werden wir offener für andere.

3. Vom Anhaften zum Loslassen

Zu einer Haltung des Dienens gelangen wir des Weiteren,
wenn wir bewusst weggeben. Im Buch Prediger teilt
König Salomo seine Erkenntnisse mit den Menschen:
*„Suchen hat seine Zeit, und (beabsichtigtes) Verlieren (im
Sinne von Spenden) hat seine Zeit; Aufbewahren hat seine
Zeit, und Weggeben hat seine Zeit"* (Prediger 3,6).[142] Es
ist töricht, zu versuchen, alles festzuhalten. Jedes Leben
endet früher oder später, und mitnehmen können wir
nichts. *„Nackt bin ich aus dem Leib meiner Mutter
gekommen; nackt werde ich wieder dahingehen."* (Hiob
1,21 SCH2000[143]). Darum besteht das einzig sinnvolle
Verhalten darin, eine heilsame Distanz zu den Dingen
dieser Welt einzunehmen und sie bewusst loszulassen. In
der Bergpredigt lehrt der Herr Jesus die Seinen:
*„Sammelt euch vielmehr Schätze im Himmel, wo weder
die Motten noch der Rost sie fressen und wo die Diebe
nicht nachgraben und stehlen!"* (Matthäus 6,20 SCH2000)

Kapitel 60 Das Glück, zu leiden, weil man sich nach Gottes Willen richtet

Glückselig sind, die um der Gerechtigkeit willen verfolgt werden, denn ihrer ist das Reich der Himmel! Glückselig seid ihr, wenn sie euch schmähen und verfolgen und lügnerisch jegliches böse Wort gegen euch reden um meinetwillen! Freut euch und jubelt, denn euer Lohn ist groß im Himmel; denn ebenso haben sie die Propheten verfolgt, die vor euch gewesen sind. (Matthäus 5,10-12 NGÜ)

Und solltet ihr trotzdem leiden müssen – gerade weil ihr euch nach Gottes Willen richtet –, dann seid ihr glücklich zu preisen. (...) Ja, wenn ihr beschimpft werdet, weil ihr zu Christus gehört und nach seinem Namen genannt seid, seid ihr glücklich zu preisen; denn gerade dann ruht der Geist der Herrlichkeit, der Geist Gottes, auf euch. (1. Petrus 3,14; 4,14 NGÜ)

Keinem von uns gefällt es, wenn er leidet. Wir versuchen, dem Leid, soweit es uns möglich ist, aus dem Weg zu gehen und es aus unserem Leben zu verbannen. Wenn wir uns als Christen nach Gottes Geboten richten und nicht nach den Maßstäben dieser gottlosen Welt leben, kann uns dieses Verhalten Nachteile einbringen; Schmähungen, Spott oder Verleumdungen zur Folge haben. Im Extremfall ist es sogar möglich, dass man uns verfolgt.

Jesus bereitete seine Jünger darauf vor: *„ 'Ein Diener ist nicht größer als sein Herr.' Wenn sie mich verfolgt haben,* *werden sie auch euch verfolgen*" (Johannes 15,20 NGÜ). Wenn wir Nachteile oder gar Verfolgungen zu erdulden haben, weil wir an Jesus Christus als unseren Retter und Herrn glauben und uns nach seinem Willen richten, dann ist dies nichts Ungewöhnliches. Dass viele Gotteskinder zurzeit in unserem Land relativ unbehelligt ihren Glauben leben können, ist alles andere als selbstverständlich und könnte sich schon bald ändern. Machen wir uns nichts vor!

Aus diesem Grund verhalten sich viele Christen wie die Person in der nachfolgenden Geschichte: Es war einmal ein furchtsamer Mann. Dieser erhielt eine neue Arbeitsstelle in einer Gruppe, die aus Ungläubigen bestand. Er war sich sicher, diese würden ihm das Leben schwer machen, wenn sie merkten, dass er ein Christ sei. Als er nach dem ersten Arbeitstag heimkam, fragte ihn seine Frau: „Wie ist es dir auf der Arbeit ergangen?" Darauf ihr Mann: „Wir sind gut miteinander ausgekommen. Sie haben nicht gemerkt, dass ich Christ bin."

Eine Möglichkeit, Nachteilen aus dem Weg zu gehen, die einen ereilen könnten, weil man Christ ist, besteht darin, über seinen Glauben zu schweigen. Eine andere, sich den Maßstäben der Nichtchristen anzugleichen, über ihre (schlüpfrigen und anzüglichen) Witze zu lachen, an ihren Unterhaltungen teilzuhaben und zu lächeln, wenn sie über Gott spotten. Wenn du anderen Menschen verschweigst, dass Jesus Christus der einzige Weg zu Gott ist und derjenige, der nicht an ihn glaubt, verlorengeht und dich genauso verhältst wie die Menschen in deinem Umfeld, dann hast du keine Nachteile und Anfeindungen zu befürchten.

Doch bedenke, was der Herr Jesus über derartige Menschen gesagt hat: *„Weh euch, wenn alle Leute gut von euch reden! Genauso haben es ja ihre Vorfahren mit den falschen Propheten gemacht. (...) wer nicht (beständig) zu mir und meinen Worten steht, zu dem wird auch der Menschensohn nicht stehen, wenn er in seiner Herrlichkeit und in der Herrlichkeit seines Vaters und der heiligen Engel kommt."* (Lukas 6,26; 9,26 NGÜ)
Das Schlimmste, was einem Glaubenden passieren kann, ist, dass Christus nicht zu ihm steht, wenn er einmal in Herrlichkeit wiederkommen wird.

Gottes Kinder haben in der ein oder anderen Form darunter zu leiden, weil sie an Jesus Christus glauben und seine Gebote befolgen. Doch warum nennt sie unser Herr „glückselig" und der Apostel Petrus preist sie „glücklich"? „Diejenigen, ‚die um der Gerechtigkeit willen verfolgt werden', sind glückselig. Dies ist das größte Paradox von allen, und es ist kennzeichnend für das Christentum." (Matthew Henry)[144]

Worin besteht das Glück eines Christen, der zu leiden hat, weil er an Christus glaubt und sich in seinem Leben nach Gottes Willen richtet? Und: Wie ist es Gottes Kindern möglich, sich zu freuen, wenn sie um das Glaubens an ihren Herrn Jesus zu leiden haben?

1. Indem sie sich bewusst machen, dass diese Art von Leiden ein Zeichen dafür ist, dass sie zu ihrem Herrn und Hirten Jesus gehören und mit ihm verbunden sind.
Christen werden von Gott dadurch geehrt, dass sie an Jesu Leiden Anteil haben *dürfen* (Johannes 15,18-19). „Sie sind ‚glückselig': Es ist für sie eine Ehre. Es gibt ihnen die Gelegenheit, Christus zu verherrlichen und die

besonderen Tröstungen und Zeichen seiner Gegenwart zu erleben." (Matthew Henry)[145]

2. Indem sie sich vergegenwärtigen, dass sie durch ihr Leiden verbunden sind mit allen Glaubenszeugen, die vor ihnen gelebt haben: den Propheten des Alten Bundes, den Aposteln des Neuen Bundes sowie unzähligen anderen Gotteskindern der gesamten Kirchengeschichte, die Christus mutig bezeugt haben, was viele von ihnen das Leben gekostet hat.[146]
„Es ist eine Ermutigung zu sehen, dass der Weg des Leidens bereits eine gut ausgetretene Straße ist; es ist eine Ehre, solchen Führern zu folgen." (Matthew Henry)

3. Indem sie ihre Gedanken fest auf den reichen Lohn richten, den sie einmal empfangen werden, wenn ihr Herr in Herrlichkeit wiederkommen und sie auferwecken wird zum ewigen Leben (Matthäus 5,10.12). Fokussieren sie sich darauf, dann erscheint ihr derzeitiges Leiden klein und gering im Vergleich zu dem, was auf sie wartet in Gottes Neuer Welt.
„Im Übrigen bin ich überzeugt, dass die Leiden der jetzigen Zeit nicht ins Gewicht fallen, wenn wir an die Herrlichkeit denken, die Gott bald sichtbar machen und an der er uns teilhaben lassen wird." (Römer 8,18)
„Denn die Nöte, die wir jetzt durchmachen, sind nur eine kleine Last und gehen bald vorüber, und sie bringen uns etwas, was von unvergleichlich viel größerem Gewicht ist: eine unvorstellbare und alles überragende Herrlichkeit, die nie vergeht." (2. Korinther 4,17 NGÜ)
Die Freude über den künftigen Lohn ermutigt und befähigt Gottes Kinder, das Leiden zu (er-)tragen und andere zu lieben (Hebräer 12,2; Lukas 6,35).

4. Indem sie sich darauf besinnen, wie ihr Leiden sie zuversichtlicher macht und ihre Hoffnung auf ihre Auferstehung und ihren künftigen Lohn vertieft.

„wir freuen uns auch über die Nöte, die wir jetzt durchmachen. Denn wir wissen, dass Not uns lehrt durchzuhalten, und wer gelernt hat durchzuhalten, ist bewährt, und bewährt zu sein festigt die Hoffnung.", so lesen wir es beim Apostel Paulus (Römer 5,3-4 NGÜ). Anders gesagt: Seine Freude wurzelt nicht allein in dem großen Lohn, den Jesus für ihn bereithält, sondern auch darin, wie sich das Leiden in seinem Leben auswirkt. Es festigt seine Hoffnung auf diesen Lohn.

„Die Bedrängnis bewirkt ein standhaftes Ausharren und das standhafte Ausharren bewirkt ein stärkeres Gespür dafür, dass unser Glaube echt und wirklich ist, und das bestärkt uns wiederum in der Hoffnung, dass wir tatsächlich Christus gewinnen werden. Ob wir also auf den reichen Lohn schauen, der vor uns liegt, oder darauf, wie Gott uns durch das Leiden läutert, bleibt Gottes Plan derselbe: Er möchte uns die Freude im Leiden erhalten." (John Piper)[147]

Für uns Christen ist es ein Glück, zu leiden, weil wir an den Herrn Jesus glauben und uns nach Gottes Willen richten, „weil wir wissen, dass Christus vor uns auf der gleichen Straße gegangen ist und nicht langsam sein wird zu helfen (s. 1.Petr 4,12–13)." (Matthew Henry)[148]

Kapitel 61 Das Glück, sich in der Anfechtung zu bewähren

Glücklich zu preisen ist der, der standhaft bleibt, wenn sein Glaube auf die Probe gestellt wird. Denn nachdem er sich bewährt hat, wird er als Siegeskranz das ewige Leben erhalten, wie der Herr es denen zugesagt hat, die ihn lieben. (Jakobus 1,12 NGÜ)

Schließlich ist es doch so, dass wir die glücklich preisen, die ´in der Prüfung` standhaft geblieben sind. (Jakobus 5,11 NGÜ)

Als Christen werden wir in unserem Leben immer wieder den verschiedensten Prüfungen unterzogen. Als Probe bezeichnet man zum einen das Einstudieren eines Stücks bei aufführenden Künsten. Musiker beispielsweise proben, bevor sie ihr Programm in einem Konzert dem Publikum darbieten. Eine Probe ist ebenso eine Untersuchung auf bestimmte Qualitätsmerkmale oder deren Prüfung.[149] Wird jemand in einer Firma angestellt, hat er meist eine Probezeit zu absolvieren. In dieser soll sich zeigen, ob der Arbeitnehmer gewisse Eigenschaften aufweist, die ihn für die betreffende Arbeitsstelle qualifizieren. Für Fahranfänger gibt es den Führerschein auf Probe. Während der Probezeit soll sich erweisen, ob der Fahrer in der Lage ist, ein Fahrzeug sicher zu führen.

Gott stellt das Vertrauen seiner Kinder immer wieder einmal auf die Probe, indem er ihnen schwere Lebensumstände zumutet. Dabei ist es von entscheidender Bedeutung, dass der Christ sich bewusst wird, dass auch Schwierigkeiten und Leiden aus der Hand seines himmlischen Vaters kommen, der ihn von Herzen liebt und es gut mit ihm meint. Alles, was Gottes Kindern widerfährt, muss zuvor an seinem Thron vorbei. Gott in seiner Weisheit und Souveränität lässt es entweder zu oder ordnet es ausdrücklich an. Wer dies erkennt, der wird selbst das Schwere, das ihm im Leben widerfährt, willig und freudig aus Gottes Hand nehmen, sich vertrauensvoll darunter stellen und in allem standhaft bleiben. Er wird nicht dagegen aufbegehren, gegen Gott murren oder ihn anklagen.

Doch aus welchem Grund ist derjenige, der in allen Erprobungen seines Glaubens standhaft bleibt, glücklich zu preisen? Worin besteht das Glück eines solchen Menschen?

1) Es besteht in dem Ende, welches Gott für diejenigen bereithält, die in der Zeit der Versuchung standhaft und geduldig im Vertrauen auf Gott ausharren. Der Herrenbruder Jakobus führt Hiob als Beispiel an und schreibt in Kapitel 5 seines Briefes Folgendes: *„ihr habt das Ende gesehen, das der Herr [für ihn] bereitet hat; denn der Herr ist voll Mitleid und Erbarmen.“* (Jakobus 5,11 Elb03) Oder nach der Neuen Genfer Übersetzung: er hat *„bei ihm alles zu einem guten Ende geführt“*. Bei Hiob bestand das „gute Ende“ darin, dass Gott ihm alles, was er besaß, doppelt zurückerstattete (Hiob 42,10).

Für die Gläubigen des Neuen Bundes besteht das „gute Ende“ in der unvorstellbaren und alles überragenden Herrlichkeit, die sie in Gottes neuer Welt erwartet. Er wird – im Bild gesprochen – als Krone das ewige Leben erhalten.

„Es gibt eine Krone für mich. Ist das nicht zum Lachen? Ich denke nur selten daran, ohne dabei zu lachen. Sollten du und ich eine Krone tragen? Sollte es wirklich so sein, dass wir mit unserem armseligen Hinken das Rennen gewinnen werden – dass unsere taumelnden Kämpfe überwunden sein werden und dass wir gekrönt werden? ... Es liegt eine Krone bereit, nicht nur für Paulus, sondern für alle, die das Erscheinen des Herrn lieben. Deshalb, lach über dich selbst, nicht im Unglauben, wie Sarah es tat, sondern mit einer heiligen Freude, wie Abraham es tat. Sollte ich eine Krone tragen? ... Dann will ich meine Lenden umgürten und meine Schritte beschleunigen, denn die Krone ist denen sicher, die mit Geduld laufen." (Charles Haddon Spurgeon)

Derjenige, der in der Zeit der Prüfung seines Glaubens standhaft bleibt, wird einmal für immer mit Gott, seinem Vater, der ihn von Herzen liebt und seinem Herrn und Retter Jesus Christus, in ungetrübter Gemeinschaft leben und dies von Herzen genießen. Das wird gewiss für ihn das höchste Glück und die größte Freude sein.
Es lohnt sich folglich, in der Versuchung standhaft auszuharren. Dies lässt uns der Apostel Paulus wissen:
„Denn die Nöte, die wir jetzt durchmachen, sind nur eine kleine Last und gehen bald vorüber, und sie bringen uns etwas, was von unvergleichlich viel größerem Gewicht ist: eine unvorstellbare und alles überragende Herrlichkeit, die nie vergeht." (2. Korinther 4,17 NGÜ[150])
„Welch großes Ungleichgewicht besteht zwischen deinen Anfechtungen und der Herrlichkeit! Selbst deine am meisten demütigenden Umstände – wie leicht sind sie im Vergleich mit dem Gewicht derselben! Selbst die am längsten andauernden unter ihnen währen nur einen Augenblick, verglichen mit dem ewigen Gewicht."
(Thomas Boston)[151]

2) Das Glück eines Menschen, der in der Versuchung seines Glaubens durch Gott geduldig standhält, besteht

des Weiteren darin, dass sich die schweren Lebensumstände positiv auf seine Zuversicht in der Hoffnung auswirken. Wenn Gott das Vertrauen seiner Kinder erprobt und Schwierigkeiten und Leiden in ihrem Leben zulässt, dann verfolgt er damit die beste Absicht. Es geht ihm darum, dass sie ihren Glauben in der Zeit der Versuchung bewähren, dass sie sich durch die göttliche Prüfung als wahrhaftig und stark in ihrem Vertrauen erweisen. „...Gott nimmt den Menschen durch demütigende Umstände die Bewährungsprobe für den Himmel ab". (Thomas Boston)[152]. Er bereitet uns auf diese Weise für seine neue Welt zu (Kolosser 1,12; 2. Korinther 5,5).

Mit Worten unübertroffener Kraft und Brillanz bringt der Puritaner Thomas Boston in seinem Werk „Schicksalskrümmungen" den unschätzbaren Wert von schweren Lebensumständen und Glaubensprüfungen für den Christen zum Ausdruck: „Wie ... meint ihr, für den Himmel tauglich zu werden, nur durch den Sonnenschein eines bequemen Lebens in dieser Welt und indem hier alles nach eurem Willen geht? Nein ... das würde euch den Geschmack für die Freuden der anderen Welt verderben."[153] „Ohne in diesem Leben von demütigen Umständen gedemütigt zu werden, sind wir nicht für den Himmel bereit ... Ihr mögt wohl hier auf Erden auf der faulen Haut liegen und vom Himmel träumen, mit Hoffnung auf eine Art Schlaraffenland, und den Wunsch hegen, aus Delilahs Schoß unmittelbar in Abrahams Schoß zu springen; doch ohne gedemütigt zu werden, werdet ihr nicht bereit sein."[154]
Aus diesem Grund fordert Jakobus uns auf:
„Seht es als einen ganz besonderen Grund zur Freude an, meine Geschwister, wenn ihr Prüfungen verschiedenster Art durchmachen müsst. Ihr wisst doch: Wenn euer

Glaube erprobt wird und sich bewährt, bringt das Standhaftigkeit hervor. Und durch die Standhaftigkeit soll das Gute, das in eurem Leben begonnen hat, zur Vollendung kommen. Dann werdet ihr vollkommen und makellos sein, und es wird euch an nichts mehr fehlen.“
(Jakobus 1,2-4 NGÜ)

„Die Freude inmitten von Bedrängnis wurzelt nicht nur im Hoffen auf die Auferstehung und den versprochenen Lohn, sondern auch darin, wie das Leiden selbst dazu beiträgt, dass diese Hoffnung vertieft wird. Paulus sagt beispielsweise: ‚Wir] rühmen uns [...] in den Bedrängnissen, weil wir wissen, dass die Bedrängnis standhaftes Ausharren bewirkt, das standhafte Ausharren aber Bewährung, die Bewährung aber Hoffnung‘ (Röm 5,3–4). Mit anderen Worten: Die Freude des Paulus wurzelt nicht nur in seinem großen Lohn, sondern auch in der Auswirkung des Leidens, das nämlich das Hoffen auf diesen Lohn verfestigt. Die Bedrängnis bewirkt ein standhaftes Ausharren und das standhafte Ausharren bewirkt ein stärkeres Gespür dafür, dass unser Glaube echt und wirklich ist, und das bestärkt uns wiederum in der Hoffnung, dass wir tatsächlich Christus gewinnen werden.“ (John Piper).[155]

Glücklich zu preisen ist der, der standhaft bleibt, wenn sein Glaube auf die Probe gestellt wird. Denn nachdem er sich bewährt hat, wird er als Siegeskranz das ewige Leben erhalten, wie der Herr es denen zugesagt hat, die ihn lieben.

Kapitel 62 Jesus Christus – der größte Schatz

Mit dem Himmelreich ist es wie mit einem Schatz, der in einem Acker vergraben war und von einem Mann entdeckt wurde. Der Mann freute sich so sehr, dass er, nachdem er den Schatz wieder vergraben hatte, alles verkaufte, was er besaß, und dafür den Acker kaufte.
(Matthäus 13,44 NGÜ)[156]

Der Herr Jesus erzählte einmal ein Gleichnis, um seine Zuhörer zu lehren, auf welche Weise ein Mensch sich Gott zuwendet, um gerettet zu werden und ins Himmelreich zu gelangen. Dies ist vergleichbar einem Menschen, der einen überaus kostbaren Schatz auf einem Acker entdeckt und - erfüllt von großer Freude - alles verkauft, was hat, um dafür den Acker mitsamt dem Schatz zu erwerben. Dieser Schatz steht für die Gemeinschaft eines Menschen mit Gott, die ihm erst möglich ist durch das, was Christus für ihn zu seiner Errettung am Kreuz erwirkt hat.

Woran kann man erkennen, ob ein Mensch tatsächlich errettet und ein Kind Gottes ist? Daran, dass der Herr Jesus für diesen Menschen das Wichtigste, Kostbarste und Bedeutendste in seinem Leben ist. Dass Christus für ihn ein Schatz ist, für den er – mit größter Freude – bereit ist, alles aufzugeben, um ihn zu erhalten.
Der Glaube, der Gott gefällt, besteht in der Gewissheit, dass wir diesen Schatz finden, wenn wir uns ihm im Vertrauen zuwenden. Dann werden wir das Glück

unseres Lebens finden, jene Freude, die unser Herz völlig erfüllt und unseren Lebensdurst für immer und ewig stillt. „Denn für mich ist Christus das Leben…" (Philipper 1,21)
Der Glaube, der jemanden errettet, sieht in Christus nicht allein seinen Retter und Herrn, sondern ebenso seinen Schatz. „Ein Christus, der nicht unser Schatz ist, kann uns nicht retten. Im Glauben steckt dieses Element der Wertschätzung, des Ergreifens, des Würdigens, der Begeisterung Christus gegenüber." (John Piper)[157]

Einst hatten wir keine Freude an Gott, und Jesus Christus war nur eine nebulöse historische Gestalt für uns. Dass der Sohn Gottes aus Liebe zu uns sein Leben gegeben hat, sich hat foltern und kreuzigen lassen und am dritten Tage vom Tode auferstanden ist in das neue Leben Gottes, haben wir lediglich nüchtern zur Kenntnis genommen. Der Mann aus Nazareth war für uns nur wie ein Klumpen Dreck auf einem Acker. Wir waren nicht in der Lage, seinen Wert und seine Herrlichkeit zu erkennen. Er war für uns wie ein Goldnugget, der vollständig mit Erde bedeckt war. Wir sahen nur die Hülle, nicht das, was darin verborgen war.
Doch als der Heilige Geist kam und unsere inneren, geistlichen Augen öffnete, da fiel es uns auf einmal wie Schuppen von den Augen und wir erkannten, was wir vorher nicht sahen. Was uns bisher unwichtig war, wurde uns auf einmal das Wichtigste auf der ganzen Welt. Das, was wir vorher ablehnten oder als langweilig empfanden, erfüllte uns nun mit einer leidenschaftlichen Sehnsucht. Der lebendige Gott hatte uns zu neuen Menschen gemacht mit neuen Neigungen, und Christus selbst wurde für uns zu einer „Schatzkiste heiliger Freude". (John Piper)[158]

Ein Christ sehnt sich mehr danach, Zeit mit Gott zu verbringen und Gemeinschaft mit ihm zu haben, als danach, etwas von ihm zu bekommen.

In der Liebesbeziehung zweier Menschen ist dies ähnlich. Wenn ich eine andere Person liebe, dann geht es mir nicht darum, von der Beziehung zu dieser Person zu profitieren. Meine Sehnsucht und mein Interesse gilt der Person selbst, die ich von Herzen liebe. Ich genieße es, in ihrer Nähe zu sein. Es erfüllt mich mit größter Freude, mit ihr Zeit zu verbringen.

„Wenn ich an unserem Hochzeitstag mit meiner Frau abends ausgehe und sie mich fragt: ‚Warum tust du das?‘, dann ehre ich sie am meisten mit der Antwort: ‚Weil mich heute Abend nichts glücklicher macht, als mit dir zusammen zu sein.‘ Wenn ich hingegen sage: ‚Es ist meine Pflicht‘, dann ist das für sie keine Ehre. Wenn ich aber sage: ‚Es ist mir eine Freude‘, dann ist es eine Ehre für sie." (John Piper)[159]

Gott anzuschauen und in seiner Gegenwart zu sein, ist für mich die beglückendste Erfahrung, die es gibt, das Ende all meines Sehnens. „Wir finden dafür keine Worte. Wir nennen diese Erfahrung Genuss, Freude, Entzücken, aber diese Begriffe sind schwache Versuche, eine unaussprechliche Erfahrung in Worte zu fassen." (John Piper)

Wie sieht es bei dir aus? Womit stillst du deinen Lebensdurst? Wonach sehnst du dich am meisten in deinem Leben? Was bereitet dir die größte Freude und das größte Vergnügen? Wer oder was ist der größte Schatz deines Lebens? Kannst du - wie der Psalmist - von dir sagen: *„Mein tiefster Wunsch"* ist *„alle Tage meines Lebens im Haus des HERRN zu wohnen, um die*

Freundlichkeit des HERRN zu sehen und über ihn nachzusinnen" (Psalm 27,4 nach NGÜ)?

Ich bin zutiefst davon überzeugt, dass Jesus Christus allein deinen Lebensdurst dauerhaft zu stillen vermag. Wie kann ich da so sicher sein? Weil Jesus es selbst gesagt hat: "*Ich bin das Brot des Lebens. Wer zu mir kommt, wird nie mehr hungrig sein, und wer an mich glaubt, wird nie mehr Durst haben.*" (Johannes 6,35 NGÜ). Sollte Jesus nicht das Wichtigste und Kostbarste in deinem Leben sein, der Schatz, für den du bereit bist, alles zu geben, dann wende dich noch heute an Gott und bitte ihn: „Allmächtiger Gott, sende deinen Geist zu mir und zeige mir die Herrlichkeit Jesu. Öffne die Augen meines Herzens, dass ich den Schatz erkenne, wenn ich auf ihn schaue und nicht einen Klumpen gewöhnlicher Erde. Mache mir Jesus wertvoll und kostbar und das, was er für mich getan hat.“

Wahrhaft glücklich ist, wer in Jesus Christus den größten Schatz seines Lebens erkennt, voller Freude sein ganzes Leben ihm zur Verfügung stellt und sich für immer an ihm erfreut.

„Du zeigst mir den Weg zum Leben. Dort, wo du bist, gibt es Freude In Fülle; ʼungetrübtesʼ Glück hält deine Hand ewig bereit.“ (Psalm 16,11 NGÜ).

„Wenn Gott die Fülle alles Guten in sich birgt wie eine unerschöpfliche Quelle, soll nichts über ihn hinaus erstrebt werden von denen, die nach dem höchsten Gut und allen Elementen des Glücks zielen.“ (Johannes Calvin)[160]

Das höchste Gut ist das, „was uns nach nichts mehr streben lässt, um glücklich zu sein, wenn wir nur alle unsere Handlungen darauf beziehen und es nicht wegen etwas anderem erstreben, sondern um seiner selbst willen."[161]
„Wenn ich euch fragte, warum ihr an Christus glaubt, warum ihr Christen geworden seid, dann wird jeder Mensch wahrheitsgemäß antworten: ‚Um des Glücks willen'." (Augustinus)

„Wir haben Männer mit Geld gesehen, die nicht glücklich waren; wir haben Männer mit Ehre gesehen, die nicht glücklich waren; wir haben Personen mit Macht gesehen, mit der Befehlsgewalt über ganze Reiche, die nicht glücklich waren; aber wir sahen nie und werden nie einen Einzelnen sehen, der Jesus bei sich hat, der nicht glücklich ist." (Charles Haddon Spurgeon)

Kapitel 63 Das höchste Gut ist Jesus, mein Erlöser

Das höchste Gut ist Jesus, mein Erlöser.
Es gibt nichts mehr, was Gott mir schenken kann,
er, meine Freud, Gerechtigkeit und Freiheit,
Liebe so treu, mein Frieden grenzenlos.
Ich bin gewiss: der Herr ist meine Hoffnung.
Fest verbunden bin ich nun mit ihm.
Ich bin sein, er ist mein, wir sind ewig vereint,
nicht durch mich, nur durch Christus in mir.[162]

Kapitel 64 Christus ist mein Leben(sglück)

Denn der Inhalt meines Lebens ist Christus, und ´deshalb` ist Sterben für mich ein Gewinn. (Philipper 1,21 NGÜ)

Was für einen Reichtum und welch ein Glück bringt der Apostel Paulus in diesen wenigen Worten zum Ausdruck. Ich frage dich: Worin besteht für dich der Inhalt deines Lebens? Was ist der Sinn deines Daseins? Hast du dein Lebensglück gefunden? Und wenn ja, dann wo? Was würdest du in den Bibelvers einsetzen? „Denn der Inhalt meines Lebens ist …………, deshalb ist Sterben für mich ………… .“

Wenn du in die erste Lücke Reichtum, Macht oder Ansehen einsetzt, deinen Partner, deine Kinder, deine Arbeit oder dein Hobby, dann wird Sterben für dich kein Gewinn sein, sondern den Totalverlust bedeuten.

„Das Ansehen geht verloren, der Ruhm wird vergessen, Macht ist nutzlos und Besitztümer erben andere. Unser heutiger Vers macht nur dann Sinn, wenn dort Christus steht. Sonst führt der Tod unweigerlich zu Verlust.“ (John MacArthur)

"Jesus Christus lehrte, dass nur er den Menschen wirklich glücklich macht. Er sagte: 'Ich bin das lebendige Brot, vom Himmel gekommen. Wer von diesem Brot essen wird, der wird leben in Ewigkeit" (...) Jesus lehrte, dass er die grundlegendsten Bedürfnisse unsere Seele stillt ..." (Jeremiah Burroughs)[163]

Diejenigen, die zum Glauben an Jesus Christus als ihren Retter und Herrn kommen, erkennen auf einmal, dass er allein der Schatz ihres Lebens ist, dass sein Wert alles andere bei weitem übersteigt. Deshalb geben sie das, was sie besitzen und was ihnen lieb und teuer ist, freudig und von Herzen gern hin, um diesen Schatz zu bekommen, um zu Christus zu gehören. (Matthäus 13,44)

Für den Apostel Paulus war dieser Jesus „Zweck und Ziel seines Lebens … ja, noch mehr, Jesus war für ihn das Leben selber … Jesus war geradezu sein Odem, die Seele seiner Seele, das Herz seines Herzens, das Leben seines Lebens. Kannst du sagen, dein Leben reiche so weit hinan? Kannst du sagen, Christus sei dein Leben? … Für einen Christen ist er's." (Charles Haddon Spurgeon)

Doch warum ist Sterben für Christen Gewinn? Lieben sie ihr irdisches Leben etwa nicht? Gewiss tun sie das? Haben jene, die an Christus glauben, mit diesem Leben bereits abschlossen und warten nur noch auf ihr Ende? Keineswegs. Christen nutzen vielmehr die ihnen von Gott hier auf Erden anvertraute Zeit voll aus und engagieren sich leidenschaftlich in dieser Welt. Sie bezeugen die gute Nachricht von Jesus Christus allen Menschen und setzen sich dafür ein, dass das Gute auf dieser Erde gefördert und dem Bösen gewehrt wird. Doch wenn ihre Zeit einmal gekommen ist und sie diese Welt zu verlassen haben, dann freuen sie sich. Ja, du hast richtig gelesen. Warum? Weil für sie der Tod nicht den totalen Verlust bedeutet, sondern sie durch ihr Sterben Gewinn erzielen.

Was gewinnen Christen, wenn sie sterben?

1. Sie werden dann vollkommen sein. All das, womit sie ihren Herrn enttäuscht und verunehrt haben, alle Sünden, werden verschwunden sein (Hebräer 12,22-23).

2. Sie werden vom Schmerz dieser Welt erlöst sein (Lukas 16,24-25) und Freude in Fülle erfahren.

3. Sie werden tiefen Frieden finden (Offenbarung 6,9-11). Sie werden *„eine tiefe Ruhe unter den Augen und der Fürsorge Gottes erleben. Sie wird alles übersteigen, was wir hier auf Erden haben. Die glücklichsten Stunden am schönsten lauen Sommerabend am friedlichsten See.“* (John Piper)[164]

4. Sie werden sich in Gottes Neuer Welt, in seiner Gegenwart, zutiefst zu Hause fühlen. (2. Korinther 5,8) *„Die ganze Menschheit hat Heimweh nach Gott, ohne es beim Namen nennen zu können. Wenn wir heimgehen zu Christus, werden wir in einer Art und Weise zur Ruhe kommen und uns sicher und geborgen fühlen wie nie zuvor.“* (John Piper)[165]

5. Sie werden endlich bei Christus sein, den sie so sehr lieben (Philipper 1,21-23). Gewiss ist er auch bei den Seinen, während sie hier auf Erden weilen. Er ist ihnen allezeit nahe. Er lebt in ihnen in der Person des Heiligen Geistes. Gleichzeitig gibt es aber zwischen den Gläubigen und ihrem Herrn noch eine gewisse Distanz und die Gemeinschaft zwischen ihnen ist getrübt durch die Sünde. Dies alles wird der Vergangenheit angehören, wenn Gottes Kinder sterben und eingehen in die Herrlichkeit Gottes, um für allezeit bei ihrem Herrn Jesus zu leben, den sie von Herzen lieben.

„Christus ist die wunderbarste Person auf der ganzen Welt. Er ist weiser, stärker und freundlicher als jeder andere, mit dem du gerne Zeit verbringst. Er ist unendlich interessant. Er weiß genau, was zu tun ist, und hat immer die richtigen Worte, damit sich seine Gäste bei ihm

wohlfühlen und sich so intensiv freuen wie überhaupt möglich. Er strömt über vor Liebe und Weisheit, wie er diese Liebe zeigen muss, damit sie bei seinen Geliebten ankommt." (John Piper)[166]

In der Gegenwart Christi findet ein Christ unbegrenzte Freude, ewiges Vergnügen und Glück. Denn der Inhalt seines Lebens ist Christus allein.

Kapitel 65 Es ist Jesus (Welch ein Schatz)

Welch ein Schatz, so groß und herrlich,
nichts auf Erden ist ihm gleich!
Er ist Jesus, König Jesus,
er schenkt Gnade, Frieden, Heil.
Dieser Brunnen fließt unendlich,
stillt den Durst, dem, der da trinkt.
Es ist Jesus, Quell der Freude,
der mir ewge Hoffnung bringt.

Welch Kraft, so stark und mächtig,
setzt Gefangne völlig frei.
Es ist Jesus, König, Jesus,
starker Held und Friedefürst.
Welch ein Retter, reich an Gnade,
der all meine Schuld vergibt.
Es ist Jesus, mein Erlöser,
er hat mich mit Gott versöhnt.

Welch ein Tag, wenn er erscheint und
jedes Knie sich vor ihm beugt.
König Jesus, Herr der Völker,
Er regiert von seinem Thron.
Ihm allein gebührt die Ehre,
jetzt und bis in Ewigkeit.
Es ist Jesus, König Jesus,
seine Herrschaft immer bleibt. (Frank
Huck)[167]

Kapitel 66 Stichwortverzeichnisse

Literatur
- Augustinus, The City of God, übersetzt v. Marcus Dods, New York, Modern Library, 1950.
- Avemarie, Friedrich, Tora und Leben, Untersuchungen zur Heilsbedeutung der Tora in der frühen rabbinischen Literatur, Tübingen 1996.
- Boecker, H. J., Hermisson, H.-J., Schmidt, J. M., Schmidt, L., Altes Testament, Neukirchen-Vluyn 4. Auflage 1993.
- Boston, Thomas, Schicksalskrümmungen, Siegen 2020.
- Buber, Martin, Recht und Unrecht: Deutung einiger Psalmen, Basel 2010.
- Bridges, Jerry, Streben nach Heiligkeit, Berlin 3. Aufl. 2021.
- Burroughs, Jeremiah, Anleitung zum Glücklichsein, Siegen 2021.
- Calvin, Johannes, Institutes of the Christian Religion, John T. McNeill (Hrsg.), Übersetzung von Ford Lewis Battles, Philadelphia, Westminster, 1960.
- Edwards, Jonathan, Charity and it's Fruits, Edinburgh, Banner of Truth, 1969, Originalausgabe 1852.
- ders., The End for Which God Created the World: A Dissertation Concerning the Glory of God
- ders., The »Miscellanies«, a-500, Hrsg. Thomas Schafer, The Works of Jonathan Edwards, Bd. 13. New Haven: Yale University Press, 1994, S. 495. Miscellany #448, s. auch #87, 251-252, #332, 410, #679 (nicht in diesem Band).
- ders., Jonathan Edwards' Resolutions and Advice to Young Converts, ed. by Stephen J. Nichols, Philipsburg, N.J., Presbyterian & Reformed, 2002.
- Fohrer, Georg, Psalmen, Berlin/New York 1993.
- Fox, Christina, Wo suchst du Zuflucht in schwierigen Zeiten, www.evangelium21.net.
- Henry, Matthew, Der Neue Matthew Henry Kommentar NT, Matthäus-Johannes, Waldems 2017.
- ders, Der Neue Matthew Henry Kommentar AT, Hiob-Hohelied, Waldems 2015.

- ders., Der Neue Matthew Henry Kommentar AT, Jesaja-Maleachi, Waldems 2018.
- Hieronymus, Incipit prologus libri Iosue (Is. prol.)
- Hossfeld, Frank Lothar/Zenger, Erich, Psalmen, HThKAT, 2002.
- Irenäus, Gegen die Häresien (Contra Haereses) BKV 1. Reihe, Band 1, München 1912.
- Kompendium des Katechismus der Katholischen Kirche (KKKK)
- Kürzerer Westminster Katechismus
- Lloyd-Jones, D. Martyn, Bergpredigt, Predigten über Matthäus 5,3-48, Friedberg, 2. Aufl. 2003.
- Lyubomirsky, Sonja, Glücklich sein – Warum Sie es in der Hand haben, zufrieden zu leben, 2. Aufl. 2018.
- Maibaum, Frank, Liebe wird sein, Liebe, was sonst!: Der kleine Prinz und die weise Frau begleiten durch Abschied, Tod und Trauer, 2018.
- Margies, Wolfhard, Lust am Herrn, Berlin 1991.
- Münch, Andreas, Der wahre Gott der Bibel, Ein Studienbuch über Gottes Wesen und Werke, 2012.
- Myers, Ken, Das Streben nach Glück, Artikel auf www.evangelium21.net.
- Neudorfer, Heinz-Werner, Der erste Brief des Paulus an Timotheus, HAT, Witten/Gießen 3. Auflage 2018.
- Friedrich Nietzsche, Also sprach Zarathustra, Band 2, Chemnitz 1883.
- Pascal, Blaise, Pascal's Pensées, übersetzt von W. F. Trotter, New York, 1958.
- Piper, John, It is great gain to die, Five reasons why, Artikel auf: www.desiringgod.org.
- ders, The Pleasures of God: Meditations on God's Delight in being God, 2013.
- ders., Von der Pflicht zur Freude, Bielefeld 2006.
- ders., Sehnsucht nach Gott – Leben als „christlicher Genießer", Waldems 2005.
- Reeves, Michael, Gottesfurcht, Bad Oeynhausen 2022.
- Rienecker, Fritz, Das Evangelium des Matthäus, WStB, Bd. 41, Holzgerlingen 2018.
- Ryle, J. C., Vom Glücklichsein, Siegen 2021.
- Schacht, Christopher, Mit 50 Euro um die Welt – Wie ich mit wenig in der Tasche loszog und als reicher Mensch zurückkam, 2021.
- Schaefer, Konrad, Psalms, Berit Olam Series, Studies in Hebrew Narrative and Poetry, Collegeville, Minnesota 2001.

- Schlatter, Adolf, Die Evangelien nach Markus und Lukas: Ausgelegt für Bibelleser, Erläuterungen zum Neuen Testament Bd. 2, Berlin 1954.
- Eckhard J. Schnabel, Der Brief des Paulus an die Römer, Kapitel 6-16, HTA, Witten/Giessen 2016.
- Schneider, Dieter, Der Prophet Jesaja, Kapitel 40-66, WStB, Bd. 28, Holzgerlingen 2018.
- Shaw, Benjamin, Der Prediger: Leben in einer gefallenen Welt, Waldems 2020.
- Spurgeon, Charles Haddon, Die Schatzkammer Davids – Eine Auslegung der Psalmen, Bielefeld 3. Aufl. 2004.
- ders., Spurgeon's Sermons, 1855-1917.
- Wahler, Dr. Hendrik, Glück – was ist das und wie krieg ich das? (E-book Download auf: www.mindyourlife.de)
- Werblowsky, H. Z., Tora als Gnade, in: Kairos 15, 1973, S. 156-163.
- Winterhoff, Hans-Joachim/Brockhaus, Egbert, Leben in Weisheit – Das Buch der Sprüche: Vers für Vers praxisnah erklärt, Hückeswagen 2020.

Abkürzungen der verwendeten Bibelübersetzungen

Elb03	Elberfelder Bibel 2003 (Ed. CSV-Hückeswagen)
EÜ	Einheitsübersetzung 1980
Hfa	Hoffnung für alle 2015
LUT84	Lutherbibel 1984
NGÜ	Neue Genfer Übersetzung, 3. Aufl. 2013
NLB	Neues Leben Bibel 2005
NT Berger	Das Neue Testament und frühchristliche Schriften, Berger Klaus/Nord, Christiane, Leipzig 1999.
NZB	Neue Zürcher Bibel 2007
SCH2000	Schlachterbibel 2000

Bibelstellen

- Johannes 3,3 — 151
- Sprüche 28,14 — 13
- 1. Johannes 1,8 — 230
- 1. Johannes 1,9 — 60, 64, 113, 144, 227
- 1. Johannes 3,3 — 62
- 1. Johannes 3,9 — 230

- 1. Johannes 5,1   112
- 1. Korinther 3,16   69
- 1. Korinther 3,16-17   73
- 1. Korinther 3,21-23   79
- 1. Korinther 4,7   32, 183
- 1. Korinther 6,2   171
- 1. Korinther 6,19   39
- 1. Korinther 6,19-20   73
- 1. Korinther 13,5   20
- 1. Korinther 13,12   61
- 1. Korinther 15,20   41
- 1. Korinther 15,26   124
- 1. Korinther 15,42-44   152
- 1. Korinther 15,43-44   43
- 1. Korinthern 15,54-57   81
- 1. Mose 1,31   159
- 1. Mose 3,16-19   125
- 1. Mose 3,19   188
- 1. Mose 6,5   59
- 1. Mose 8,20   31
- 1. Mose 8,21b   160
- 1. Mose 12,2   118
- 1. Mose 18,10   119
- 1. Mose 21   119
- 1. Mose 29,35   31
- 1. Petrus 1,15   150
- 1. Petrus 1,19   59
- 1. Petrus 2,21-23   170
- 1. Petrus 2,24   64
- 1. Petrus 3,14   190
- 1. Petrus 4,14   190
- 1. Petrus 5,8   148
- 1. Petrus 5,8-9   146
- 1. Samuel 25,41   186
- 1. Thessalonicher 4,3   130
- 1. Thessalonicher 5,18   33
- 1. Timotheus 4,3   33
- 1. Timotheus 6,12   228

- 1.Petr 4,12–13   194
- 2. Korinther 4,17   193, 197
- 2. Korinther 5,5   198
- 2. Korinther 5,8   208
- 2. Korinther 6,10   171
- 2. Korinther 7,10   144
- 2. Korinther 8,2   181
- 2. Mose 15   32
- 2. Petrus 1,21   94
- 2. Thessalonicher 2,13   39
- 2. Timotheus 2,12   171
- 2. Timotheus 3,16   94
- 2. Timotheus 4,7   229
- Apostelgeschichte 20,29-31   147
- Epheser   165
- Epheser 1,4   37, 97
- Epheser 1,5   38f
- Epheser 2,5-7   56
- Epheser 2,8   116
- Epheser 2,14-15   163
- Epheser 5,27   152
- Epheser 6,18   147
- Galater 1,6-9   66
- Galater 3,13   107
- Galater 5,22   98
- Hebräer 2,15   81
- Hebräer 11,27   61
- Hebräer 12,1–2   138
- Hebräer 12,2   121, 193
- Hebräer 12,6   49
- Hebräer 12,10b-11   50
- Hebräer 12,14   60
- Hebräer 12,22-23   208
- Hebräer 12,28-29   129
- Hebräer 13,20   162
- Hesekiel 36,26-27   161, 166
- Hesekiel 36,27   227
- Hiob 1,21   33, 189

- Hiob 5,17   48
- Hiob 36,11   133, 140
- Hiob 42,10   196
- Jakobus 1,2-4   199
- Jakobus 1,12   195
- Jakobus 1,17   51
- Jakobus 3,7-8   166
- Jakobus 4,1-2a   160
- Jakobus 4,8   60
- Jakobus 5,11   195f
- Jeremia 4,14   64
- Jeremia 17,9   58
- Jesaja 9,5   163
- Jesaja 30,18   118, 122
- Jesaja 40,8   94
- Jesaja 46,10   120
- Jesaja 51,5   154
- Jesaja 53,5   68
- Jesaja 53,7.8b   45
- Jesaja 55,8   118
- Jesaja 56,1-2   153
- Jesaja 59,2   64, 68, 106, 149
- Johannes 1,12   112
- Johannes 1,12   116
- Johannes 1,29.36   45
- Johannes 2,19-21   73
- Johannes 3,3   213
- Johannes 3,16   28
- Johannes 5,19-20.30   107
- Johannes 5,24   42, 107
- Johannes 6,35   203
- Johannes 8,24.21   125
- Johannes 10,18   54
- Johannes 11,25   41
- Johannes 12,36   185
- Johannes 13,1   186
- Johannes 13,4-5   186
- Johannes 13,15-17   185f

- Johannes 14,6 — 73
- Johannes 14,15.21 — 130
- Johannes 14,16-17 — 73
- Johannes 14,26 — 94
- Johannes 15,5 — 99
- Johannes 15,7 — 98
- Johannes 15,10–11 — 137
- Johannes 15,10–11.14 — 135
- Johannes 15,11 — 14
- Johannes 15,18-19 — 192
- Johannes 15,20 — 191
- Johannes 17,3 — 42
- Johannes 20,29 — 115f
- Jona 2,3-10 — 31
- Kolosser 1,12 — 198
- Kolosser 1,20 — 106, 162f
- Kolosser 2,3 — 26, 28
- Kolosser 3,17 — 165, 225
- Kolosser 3,24-24 — 141
- Lukas 6,25 — 142
- Lukas 6,26 — 192
- Lukas 6,28 — 165
- Lukas 6,35 — 193
- Lukas 6,45 — 165
- Lukas 6,45b — 85
- Lukas 9,26 — 192
- Lukas 11,28 — 100
- Lukas 12,28-30 — 113
- Lukas 12,37 — 146, 148, 186
- Lukas 14,14 — 177
- Lukas 15,20 — 53
- Lukas 16,24-25 — 208
- Lukas 23,34 — 45
- Lukas 23,43 — 42
- Lukas 24,21 — 41
- Markus 1,14 — 141
- Markus 7,21-23 — 58
- Markus 7,21f — 160

- Matthäus 5,1-2   170
- Matthäus 5,3   150
- Matthäus 5,3   182
- Matthäus 5,4   142
- Matthäus 5,5   168
- Matthäus 5,6   149
- Matthäus 5,7   173
- Matthäus 5,8   58
- Matthäus 5,9   159, 162
- Matthäus 5,10-12   190
- Matthäus 5,10.12   193
- Matthäus 6,20   189
- Matthäus 7,24-29   19
- Matthäus 10,42   126
- Matthäus 12,34   165
- Matthäus 13,44   85, 200, 207
- Matthäus 18,20   73
- Matthäus 20,1-16   141
- Matthäus 22,37   60
- Matthäus 24,42-44   147
- Matthäus 24,46   147
- Matthäus 24,47   148
- Matthäus 25,10   148
- Matthäus 25,21.23   138
- Matthäus 25,23   14
- Matthäus 26,41   147f
- Offenbarung 1,3   105
- Offenbarung 2,26   108
- Offenbarung 6,9-11   208
- Offenbarung 14,13   80, 124
- Offenbarung 14,15   124
- Offenbarung 16,15   146, 148
- Offenbarung 19,9   45
- Offenbarung 20,6   41
- Offenbarung 21,1   171
- Offenbarung 21,2   172
- Offenbarung 21,3   65
- Offenbarung 21,4   65, 171

- Offenbarung 21,22-23 44
- Offenbarung 21,27 59
- Offenbarung 22,7 105
- Offenbarung 22,14 59, 63
- Philipper 1,21 42, 82, 117, 135, 201, 206
- Philipper 1,21 126
- Philipper 1,21-23 208
- Philipper 2,4-5 158
- Philipper 2,5 150, 180, 187
- Philipper 2,6-7 162
- Philipper 2,8 46
- Philipper 2,13 116, 151
- Prediger 3,6 189
- Prediger 5,17 30
- Psalm 1 211
- Psalm 1,2-3 97
- Psalm 2,11 140
- Psalm 2,12 87
- Psalm 13 118
- Psalm 16,11 137, 203
- Psalm 18,31 119
- Psalm 19,8b 27
- Psalm 19,15 164
- Psalm 24,3-4 59
- Psalm 27,4 203
- Psalm 32,1-2 53, 144
- Psalm 34,9 87
- Psalm 37,4 75, 85, 98
- Psalm 40,5 111
- Psalm 41,2 173, 177
- Psalm 42,2 98
- Psalm 42,2-3a 150
- Psalm 46,2 180
- Psalm 51,12 60
- Psalm 51,14 137
- Psalm 61,4-5 89
- Psalm 65,5 37, 39
- Psalm 73,3 169

- Psalm 73,25-26   69
- Psalm 73,28   66, 219
- Psalm 84,5-6   71
- Psalm 85,11   174
- Psalm 86,11   59
- Psalm 89,16-17a   83
- Psalm 92,2   30, 33
- Psalm 92,2-3.5   86
- Psalm 94,12   48
- Psalm 100,2   140
- Psalm 103,8   84, 141
- Psalm 103,14   129
- Psalm 106,3   153
- Psalm 112,1   93, 129
- Psalm 115,3   84
- Psalm 118,6   88
- Psalm 118,8   87
- Psalm 119   227
- Psalm 119,1-3   100, 225
- Psalm 119,14   93, 95
- Psalm 119,105   95, 109
- Psalm 128,1b-2   129
- Psalm 136,1.25   31
- Psalm 141,3   164
- Psalm 145,8   141
- Römer 3,10   226
- Römer 3,11   213
- Römer 3,11.18   116
- Römer 4,7-8   53
- Römer 5,3-4   194
- Römer 5,3–4   199
- Römer 5,6-8-10   54
- Römer 5,8   46
- Römer 5,8.10   175
- Römer 6,23   46, 125, 136, 175
- Römer 7,18   213
- Römer 8,13   60
- Römer 8,28   120, 216

- Römer 8,29   29, 99
- Römer 8,32   79
- Römer 8,38-39   81
- Römer 9,11-12   38
- Römer 10,17   117
- Römer 12,9   170
- Römer 12,21   165
- Römer 14,8   80
- Römer 14,22   156
- Sprüche 3,11-12   49
- Sprüche 3,13-15.18   26
- Sprüche 3,18   28
- Sprüche 3,19   27
- Sprüche 8,32-35   26
- Sprüche 14,21   173
- Sprüche 16,20   111
- Sprüche 18,10   89
- Sprüche 19,21   189
- Sprüche 28,13   144
- Sprüche 28,14   133

Personen
- Aesop   167
- Albert Schweitzer   178
- Arne Kopfermann   123
- Augustinus   204
- Bartholomew Ashwood   214
- Blaise Pascal   5
- Buddha   9
- Charles Haddon Spurgeon   70, 99, 131f, 197, 204, 207, 211, 216, 225, 230
- Charles Spurgeon   74
- Cicero   30
- Die Prinzen   168
- Dietrich Bonhoeffer   33
- Elisabeth Elliot   89
- Epiktet   82
- Fernando Manuel Costa Santos   117
- Francis Bacon   33

- Frank Huck 210
- Friedrich Nietzsche 16
- Georg Müller 109
- George Rogers 71
- Hedwig von Redern 47, 62, 82, 128
- Hieronymus 109
- Irenäus 109
- Jenny Santi 178
- Jeremiah Burroughs 86, 135, 141, 206
- Jerry Bridges 136
- Johannes Calvin 70, 203
- Johannes Hartl 14
- John Piper 14, 70, 78, 84, 110, 178, 181, 194, 199, 201f, 208f
- Jonathan Edwards 20, 56, 85, 176, 179
- Jürgen Schupp 177
- Ken Myers 135
- MacArthur 206
- Martin Buber 99
- Martin Pepper 92
- Matthew Henry 135, 192ff
- Nathanael Ranew 214
- Norbert Lohfink 217
- Peter Schaal-Ahlers 32
- R. Greenham 230
- Saint Exupéry 35
- Sir Francis Bacon 12
- Sonja Lyubomirsky 177
- Thomas Boston 197f
- Thomas Brooks 155
- Thomas Manton 231
- Udo Walz 211
- Wayne Dyer 188
- Zinzendorf 96

Weitere Schriftstellen
- äthHen 82,4 155
- Sirach 14,1-2 164
- Sirach 14,20-21; 15,1 29
- Sirach 15,1 28

-   slawHen 42,6   140

FSC
www.fsc.org
MIX
Papier aus ver-
antwortungsvollen
Quellen
Paper from
responsible sources
FSC® C105338